国家社会科学规划基金项目“英汉程式语心理表征模式对比研究”（12BYY009）资助出版

英汉程式语心理表征对比研究

贾冠杰　王　云　李更春◎著

科 学 出 版 社

北 京

内 容 简 介

本书基于心理语言学理论，结合具体语言实际，对英语和汉语程式语心理表征的异同进行了详细认真的对比分析研究，是国内相关学科少有的专著，吸收了国内外心理学、心理语言学等学科的最新研究成果，理论联系实际。全书内容包括相关的综述类研究和实证研究两大部分，有助于揭示英汉程式语心理表征异同的深层根源，具有重要的理论和实践价值。

本书适合从事心理语言学研究的学者、大学英语教师和学生阅读使用。

图书在版编目（CIP）数据

英汉程式语心理表征对比研究 / 贾冠杰，王云，李更春著. —北京：科学出版社，2019.10

ISBN 978-7-03-062650-9

Ⅰ. ①英… Ⅱ. ①贾… ②王… ③李… Ⅲ. ①心理语言学－对比研究－英语、汉语 Ⅳ. ①H0-05

中国版本图书馆 CIP 数据核字（2019）第 231276 号

责任编辑：常春娥 / 责任校对：贾娜娜

责任印制：李 彤 / 封面设计：润一文化

科 学 出 版 社 出版

北京东黄城根北街 16 号

邮政编码：100717

http：//www.sciencep.com

北京虎彩文化传播有限公司 印刷

科学出版社发行 各地新华书店经销

*

2019 年 10 月第 一 版 开本：720×1000 B5

2019 年 10 月第一次印刷 印张：11 3/4

字数：197 000

定价：88.00 元

（如有印装质量问题，我社负责调换）

前　言

人类语言交际在很大程度上使用程式语，在口语和书面语的交流中，程式语起着举足轻重的作用。目前，国内外对程式语的定义极不统一，可以说是智者见智、百花齐放。较有代表性的英语程式语术语有 formulaic sequences、formulaic language、lexical bundles、lexical phrases、prefabricated chunks 等。相关的汉语术语除了程式语外，还有公式（化）语（言）、程式化序列、词块、（预制）语块、词汇短语、（词汇）组块、套语、多词单位、惯用语、固定用语、习语、复现组合、两个词/词以上的词串、言语程式、词的联合、词汇化句干等。之所以有如此多的术语，主要是研究者从不同的视角对程式语进行研究。程式语的相关术语之多，说明程式语是一个开放性的术语，研究者在具体的研究中，可以根据自己研究材料的需要去定义，把自己的研究定义在具体的研究框架之内。程式语覆盖面很广，具体研究只能涉及其中很小的一部分，因此，本书仅仅涉及程式语的一个很小的点，其中英汉程式语对比研究只涉及心理动词程式语。

从国内外相关研究来看，大都是以本族语者或二语习得者为研究对象，缺乏对英汉程式语心理表征的对比研究，因此，本书的研究就显得十分必要和及时。本书运用多种心理语言学实验方法，研究英汉程式语的心理表征，通过对比研究，在一定程度上揭示了英语本族语者、汉语本族语者和外语学习者程式语的意识水平、习得程度及其语言加工策略的选择模式等，有助于揭示英汉程式语心理表征异同的深层根源，其研究结果为相关理论研究、外语学习和外语教学提供了有价值的参考依据。

本书吸收了国内外心理学、心理语言学、应用语言学等学科的最新研究成果，查阅了国内外大量相关文献，深入调查分析，积极开展实证研究，理论联系实际。本书充分利用笔者在英国一年多的学习机会，对 60

位英语本族语者进行了多个实证研究，取得了相关的研究数据。同时，其他几位合作者对不同数量的中国英语学习者开展了多项实证研究，为英汉程式语开展比较研究提供了数据支持。在笔者的共同努力下，经过几年的深入研究，取得了比较理想的研究成果。

本书共10章，除第1章概述外，主要包括两大部分：第一部分包括五章，重点分析讨论相关的研究，如程式语加工研究、程式语加工的研究方法、心理表征研究、心理词汇研究等；第二部分包括四章，主要通过实证研究展开分析讨论，如英汉心理动词程式语心理表征对比研究、英汉心理动词程式语语音表征对比研究、英汉心理动词程式语语符逆序表征对比研究、英语程式语心理表征模式研究等。

本书的出版得到了国家社会科学规划基金项目的资助，科学出版社常春娥等多位老师给予了精心指导和大力支持。在完成国家社会科学规划基金项目和编写本书的过程中，很多同事、朋友、学生等都给予了笔者真诚帮助。同时，本书参考了一些国内外学者的研究成果，在此一并对以上单位和个人表示衷心感谢。

由于时间仓促，加之笔者水平所限，书中可能存在不妥之处，敬请广大读者批评指正。

贾冠杰

2019年1月

目　录

第 1 章

概　　述

关于程式语的研究，近些年来引起了国内外众多学者的高度重视，本章重点讨论相关研究，两个重要的术语“程式语”和“心理表征”以及本书的结构。

1.1　相关研究梳理

语言学习本质上是学习和理解程式语（Ellis，2012）。程式语在我们的生活中无处不在，在口语和书面语的交流中，程式语起着举足轻重的作用。早在 1916 年，Ferdinand de Saussure 就谈到了粘着法构词（agglutinations），即两个或多个语言符号通过无意的融合（fusion）而成为一个非分析性单位。1925 年，Harold Palmer 指出了多词或“词汇”组块在语言学习中的重要性。在心理学领域，Miller（1956）在一篇关于短时记忆容量的 7±2 制约的经典论文中提出了“组块化”（chunking）这种语言加工策略。此外，语料库语言学研究使人们认识到：语言具有双重属性，即可分析性（analyticity）和程式性（formulaicity）。它既是一个以语法为基础的、可分析的、相对封闭的系统，又是一个以记忆为基础的、程式化的、相对开放的系统（Skehan，1998，转引自丁言仁、戚焱，2005：49）。在语言习得研究领域，学者们也研究了相同的现象。这种单词组合既是第一语言习得又是第二语言习得的重要特征。然而，许多关于程式语的研究要么是基于语料库的描述性研究，要么是基于语言习得的应用性研究。前者侧重于对程式语加以识别，对其在语篇中的用法进行描述，后者主要研究语言初学者（母语习得者或二语学习者）产出的程式语。

在国内，关于程式语普遍问题的研究和一般心理表征的研究有一些相关成果，但是，对程式语心理表征的研究非常少。李红和缪道蓉（2009）对程式语（他们称之为“公式化语言”）的心理加工与表征进行过研究，他们研究了公式化语言频率及语言水平是否影响公式化语言在中国英语学习者二语心理词库中的整体表征和提取，其研究结果显示公式化语言频率对整体加工有一定的作用。但是，由于李红和缪道蓉的文章是一篇期刊论文，有很多需要研究的问题该篇论文并未涉及。另外，通过对“中国知网”近 20 年（1999—2018 年）相关文章的搜索，只有 3 篇关于“英汉程式语心理表征模式对比研究”的相关文章：“英汉心理动词短语心理表征对比研究——来自直线性序列式语法判断范式的证据”（王云、贾冠杰，2017），“英汉心理动词双字/词语符逆序表征对比研究——来自掩蔽启动范式的证据”（王云、刘新芳，2018），“英汉心理动词程式语语音表征对比研究——来自视觉掩蔽启动范式的证据”（王云、刘新芳，2018）。在我国 26 年（1993—2018 年）的国家社科项目里，笔者获批的项目是唯一的关于“英汉程式语心理表征模式对比研究”的项目。

国外对程式语心理表征进行研究的时间和相关研究成果的出现都早于我国，如 Sosa 和 MacFarlane（2002）运用单词监控范式研究了受试对不同频率的短语中功能词“of ”的反应时间；Schmitt、Grandage 和 Adolphs（2004）使用两种方法研究了复现词（recurrent clusters）的心理表征问题，即首先通过语料库分析识别出若干复现词，然后将它们嵌入某种心理语言学听写任务中，以研究它们是否以整体形式进行存储；Underwood、Schmitt 和 Galpin（2004）使用眼动跟踪方法研究了受试在阅读过程中是如何加工程式语的；Conklin 和 Schmitt（2008）通过比较本族语者与非本族语者对程式语和与其匹配的非程式语的阅读时间，研究了程式语可能具有的加工优势；Siyanova 和 Schmitt（2008）进行的系列研究探讨了二语学习者对形-名搭配的产出与加工；Tremblay（2009）研究了从语料库中提取的四词和五词程式语是否被受试以整体形式进行存储和加工；Ellis、Simpson-Vlach 和 Maynard（2008）则运用语料库语言学、心理语言学和语言教学方法对程式语进行了研究。Elke（2015）研究了基于课堂教学的外显性词汇教学对 24 名二语学者识别、线索输出及运用学术程式语的影响，结果显示学生们收到了明显的效果。Hoa（2016）采用了以交际和意义为中心的三种不同的关注形式教学的方法（form-focused instruction）对中国英语学习者运用英语程式语情况进行了研究；结果显示，学生经过三种任务的训练，他们的多项测试成绩都有了明显进步。D. Sidtis 和 J. J. Sidtis（2018）基于右脑皮层下过程，研究了程式语的情感性，证据支持了语言的双过程模式，右脑皮层下系统调节了程式语。Rafieyan（2018）通过对45名日本英语学习者的程式语知识和他们语言熟悉程度的关系进行了研究，本研究有助于目标程式语在外语课堂教学中的作用。

纵观国内外研究现状，虽有一些相关研究成果，但是，到 2018 年为止，还没有看到对英汉程式语心理表征模式进行对比的相关研究。

从国内外相关研究来看，大都是以本族语者或二语习得者为研究对象，缺乏对英汉程式语心理表征模式的对比研究，因此，本书的研究就显得十分必要和及时。本书运用多种心理语言学实验方法研究英汉程式语的心理表征模式，通过对比研究，可以在一定程度上揭示英语本族语、汉语本族语和外语学习者程式语的意识水平、习得程度及其语言加工策略的选择模式，有助于揭示英汉程式语心理表征差异的深层根源，其研究结果可以为相关理论研究、外语学习和外语教学提供很有价值的参考依据。英汉程式语的心理表征模式既有相同点，也有不同点；程式语的频率对英汉程式语心理表征模式会产生一定的影响；不同水平学习者程式语心理表征模式的不同并不一定由他们的语言水平来决定，而是可能受多种因素影响。

本书重点研究英汉程式语心理表征模式的相同点和不同点，分析其存在的原因。由于研究学习者的不同语言的心理表征是个十分复杂的心理过程，通常被称为对“黑匣子”的研究，因此，需要谨慎设计和实施多种实验，并避免各种可能因素的干扰。

基于以上研究的目的，本书力图回答以下四个研究问题：

（1）英汉程式语的心理表征模式是否存在差异？如果是，存在什么样的差异？

（2）不同英语水平的中国英语学习者程式语的心理表征模式与英语本族语学习者程式语心理表征模式有什么不同？

（3）程式语使用的频率是否会对英汉程式语心理表征模式产生影响？如果是，有何影响？

（4）中国英语学习者不同的英语水平是否影响程式语在其心理词库中的表征模式？其表征模式有何不同？

为了回答以上四个研究问题，在对国内外相关研究进行认真翔实分析研究的基础上，笔者开展了八个实证研究（见第7章至第10章），这八个实证研究回答了这四个问题。

1.2 主要概念

人类语言交际在很大程度上使用固定表达，这些固定表达经常以程式语形式被人记忆，程式语是语言表征的基本水平，其形式和意义具有可靠的关联（方秀才，2013）；本书主要涉及三个最主要的概念，即程式语、心理表征和心理词汇，本节简单讨论这三个主要概念。

1.2.1 程式语

1. 程式语的术语

目前，国内外对程式语的定义不统一。国外著名学者 Wray（2002：9）总结了如下 57 个与程式语相关的术语：Amalgams、automatic、chunks、Clichés、co-ordinate constructions、collocations、complex lexemes、composites、conventionalized forms、F[ixed] E[xpressions] including I[dioms]、fixed expressions、formulaic language、formulaic speech、formulas/formulae、fossilized forms、frozen metaphors、frozen phrases、gambits、gestalt、holistic、holophrases、idiomatic、idioms、irregular、lexical simplex、Lexical(ized) phrases、lexicalized sentence stems、listemes、multiword items/units、multiword lexical phenomena、noncompositional、noncomputational、nonproductive、nonpropositional、petrifications、phrasemes、praxons、preassembled speech、precoded conventionalized routines、prefabricated routines and patterns、ready-made expressions、ready-made utterances、recurring utterances、rote、routine formulae、schemata、sentence builders、set phrases、semipreconstructed phrases that constitute single choices、stereotyped phrases、stable and familiar expressions with specialized subsenses、stereotypes、stock utterances、synthetic、unanalyzed chunks of speech、unanalyzed multiword chunks、units。

较有代表性的程式语术语有：formulaic sequences（Wray & Perkins, 2000）、formulaic language（Wray, 2002, 2004, 2008）、lexical bundles（Biber & Conrad, 1999）、lexical phrases（Nattinger & DeCarrico, 1992）、prefabricated chunks（Becker, 1975）等。之所以有如此多的术语，主要是因为研究者从不同的视角对程式语进行了研究（见表 1.1）。

表 1.1 程式语研究中相关的术语、定义及其角度*

研究者与年份	术语	定义	角度
Jesperson（1924）	formulas	重音、节奏和单词都不能改变的且作为整体习得的固定表达（转引自 Hickey，1993：28）	语言形式+语言习得
Lyons（1968）	ready-made utterances	本族语者以不可分析的整体形式学得并使用于特定场合的表达（p.177）	语言习得+语言使用
Hakuta（1974）	prefabricated patterns	与某种可移动的成分，如可填入名词短语或动词短语（的空槽）一起运作的句子片段（pp.288-289）	语言形式
Wong-Fillmore（1976）	formulaic speech	那种对说话者来说完全或部分地作为不可分析的、固定的或自动的语言单位（p.295）	语言心理
Krashen & Scarcella（1978）	routines and patterns	routines：整体记忆的话语或短语；patterns：部分是创造的且部分是整体记忆的（p.283）	语言心理
Pawley & Syder（1983）	memorized sequences and lexicalized sentence stems	memorized sequences：说话者或听话者能够有意识地组装或分析但在多数使用场合是作为整体或自动链接的形式而调用的单词串（p.205）； lexicalized sentence stems：与小句长度相当或更长的单位，其语法形式和词汇内容在很大程度上或完全是固定的；其固定成分形成了一种指称某种被该文化所认可的概念的标签，成为该语言中的一个术语（p.191）	语言形式+语言心理

续表

研究者与年份	术语	定义	角度
Peters（1983）	speech formula	一种多词素短语或句子，它要么通过社会协商（social negotiation）要么通过个体演变（individual variation）成为说话者词库中的一种整体的预制项目（p.2）	语言形式+语言心理
Nattinger & DeCarrico（1992）	lexical phrases	形式与功能的复合体，一种介于传统的词汇与句法两极之间的词汇—语法单位；它们被视作某种整体，因此与词汇相似，但多数词汇短语由一个以上的单词构成，且许多词汇短语能同时由句法规则派生而来，正如其他句子一样。它们的使用受到语用能力原则的制约，后者对它们进行选择并赋予它们特定的功能（p.36）	语言形式+语言功能
Moon（1997）	multi-word items	一种由两个或更多的单词（一个单词只是一种正字法单位）组成……并形成的一种有意义且不可分割的词汇项目（p.43）	语言形式+意义
Biber & Conrad（1999）	lexical bundles	由三个或更多的单词组成的、出现频率很高的序列，这些单词具有统计上同现的趋势（p.183）	语言形式+使用频率
Wray & Perkins（2000）	formulaic sequences	一个由单词或其他意义成分组成的连续或非连续的序列，该序列是或看起来是预制的，即在使用时是从记忆中整体提取或存储的而不是通过语言的语法生成或分析的（p.1）	语言形式+语言心理
Wood（2002）	formulaic language	作为语块被产出和被记忆的而不是由单个词汇和规则生成的多词或多形式词汇串（p.3）	语言形式+语言心理
Jiang & Nekrasova（2007）	formulaic sequences/ formulas	以较高频率、作为短语或连贯的语义单位出现的多词表达（p.433）	意义+使用频率
Wray（2008）	morpheme equivalent unit	一个词或词串。该词串可以是完整的，也可以是含有空格的。该词或词串被当作一个语素一样来处理，（它的意义）不依赖于其组成成分的组合。（p.12，转引自徐泉，2010：76）	语言形式+语言心理

*见李更春，2011：22-24

国内相关研究对程式语的定义也各不相同，使用的术语也多种多样，其中包括公式（化）语（言）、程式（短）语、程式化序列、词块、（预制）语块、词汇短语、（词汇）组块、套语、多词单位、惯用语、固定用语、习语、复现组合、一个词/词以上的词串、言语程式、词的联合、词汇化句干等。每一位研究者都是根据自己具体的研究目的，确定程式语的具体定义。

程式语的词汇单元超过一个单词的长度，坚持这种初步特征是合理的。尽管有关频率和公式性的确切关系的看法不尽相同，但近年来，有关公式化语言的研究大幅度增加，特别是计算机技术的发展使有效地搜索语料库中重复出现的多字字符串成为可能（Wray，2008）。

Wray（2008：8）对程式语的本质提出了三条理论观点，第一个观点是心理词库是异常形态的（heteromorphic），这一观点与人们如何加工程式语有关。第二个观点是词汇的内容是通过唯一需求分析（needs only analysis）决定的，这和人们如何学习程式语相关。第三个观点是语素的等效单元（morpheme equivalent unit）能让说话者控制听话者，这和人们用程序语干什么有关。

Wray（2008：8）在给程式语下定义时，把程式语比喻为一个连续体，这非常形象。连续统的一端是争论不休的定义，Wray 把这些争议归为三大类；另一端是没有争议的习语（idioms），如 kick the bucket、rain cats and dogs。在这两个极端中间是其他的程式语形式。例如，①同通常的意思完全背离的词语或（和）语法规则，如“By and large”；②表达具有比喻意义，但是比起习语，其与字面意思相近些，如“set one's store by”；③一个或多个词有特殊的意思，如“do someone in”；④一系列的习惯用语，如“you'd better V”“not very well”；⑤“半开放模型/结构”指的是一个完整短语或者句子，一部分是固定的词语结构，一部分是开放型的结构，如“the end of the N”“as result of NP”“the way in which”。

很多程式语的解释都把程式性规定在只有指示性符号的词语中，这些词语包括单个单词组成的词语、由连字符组成的单词、作为整体发音和作为部分发音不同的词组及意思和单个单词的联系不大的词组。但是，另一种观点认为，各个元素项目首先具有程式性，之后才有指示性的符号。

Wray（2008：12）对“词素对等单位”的定义如下：“一个单词或一个字串，无论是不完整的，还是能够插入可变元素的，只要它能如一个词素般加工，不需依靠其他任何的成分来完成形式与意义的匹配，就是词素对等单位。”该定义反映出词素对等单位的属性，并暗指它在语言中具有惯用语材料的起源性。

Wray 和 Perkins（2000：1）首次提出“formulaic sequences”这一术语，并将之定义为：“一个由单词或其他意义成分组成的连续或非连续的序列，该序列是或看起来是预制的，即在使用时是从记忆中整体提取或存储的而不是通过语言的语法生成或分析的。”此后，Wray（2002：9）对上述定义进行了修正，将“意义”（meaning）一词从该定义中删去。该定义是目前为止涵盖面最广的定义之一，它既包括那种高度习用的且不可改变的单词串（如 by and large），又包括那种语义上透明、句法上灵活且含有可填入开放词类的空槽的单词串（如 NP be-TENSE sorry to keep-TENSE you waiting）（Wray & Perkins，2000：1）。该定义从心理语言学角度指明了程式语的本质特征，即“整体提取或存储”。也就是说，某语言形式是否为程式语既不取决于其形式或意义的完整性，也不取决于其出现的频率，而是取决于语言使用者是否以整体形式对其加以对待。Wray（2002，2008）就用“formulaic language”替代“formulaic sequences”。从现有的相关研究成果来看，目前，我国进行相关研究的学者更多采用“程式语”这个术语。另外，程式语覆盖面更广，更能代表类似的相关研究。因此，本书采用“程式语”（formulaic language）这一术语。

从表 1.1 可以看出，学者们尝试从不同角度对程式语加以描述或界定。Wray（2002）对程式语的定义可操作性不强，且没有考虑程式语的频率、语义或功能因素；Biber 等对词束的界定虽然可操作性较强，但稍显主观且无法排除无意义的单词组合；Becker（1975）对预制语块的定义显然只是印象性的，无助于程式语的判别。总之，由于程式语研究起步较晚，加之研究者的背景各异，到目前为止，该领域中的术语和定义问题还没有得到彻底解决。笔者认为，程式语难以定义的原因首先在于其多样性，它们在长度、使用目的、固定性与整体存储的程度等方面存在差异。就长度来说，它们可长可短，长的如“You can lead a horse to water but you can't make him drink.”，短的如“Oh no!”，也可以介于两者之间。就使用目的来说，它们通常被用来实现不同的目的。例如，①表达一种语义信息或观点（如 Blood is thicker than water.）；②实现一种语用功能（如 Just looking.）；③以某种确切的、可理解的方式传达具体的信息。在固定性方面，这些序列可以是完全固定的（如 King and Queen），或具有若干空槽，其中可填入合适的单词或单词串（如___made it plain that ___）。在整体存储的程度上，有些程式语可能只以整体形式存储，有些程式语可能具有双重存储模式（即整体存储+单个的词和句法），有些程式语的存储模式还可能会因人而异。其次在于程式语是一种多面性现象（a multi-faceted phenomenon），不能仅从少数几个方面而应该从形式、意义、功能、心理表征和社会文化特性等方面对其进行全面的描述与界定。在综合国内外已有定义的基础上，笔者将程式语重新定义为：某言语社团以整体形式辨识、存储和提取，连续或非连续、具有较完整的结构与意义/功能或参与语篇构建、使用频率较高的多词单位。该定义既涵盖了传统语法所认可的程式化表达（如习语、谚语、短语/词组以及其他类别的固定表达），又涵盖了通过语料库驱动方法识别的多词单位或词束。

2. 程式语的分类

从已有的相关文献来看，研究者从不同的角度对语言中的程式性现象进行了分类：第一类基于语言的形式，第二类基于语言的意义，第三类则基于语言的功能。这些不同的分类从一个侧面反映了程式性现象的多面性：它是一种集语法、词汇、功能和语境为一身的特殊的、复杂的语言现象。由于研究者的视角不同，分类的数量就存在很大差异，下面是国内外学者们从不同视角对程式语进行的分类。

二分法。Cowie（1988）根据语言功能将程式语分为两类：一类是具有语篇和社会功能的公式语；另一类是“复合体”（composites），即“作为句子中的成分（如宾语、补语或附加语等）并对其指称或命题意义具有贡献的词汇构件”。

三分法。国内外一些专家基于语言意义对程式语进行了分类。例如，Gibbs 和 Nayak（1989：133-134）依据语义可分解程度，将习语分为三类：可分解习语（如 pop the question、break the ice）、不正常可分解习语（如 carry a torch、spill the beans）和不可分解习语（如 hew the fat、shoot the breeze）。Cacciari 和 Glucksberg（1991，1994）根据语义透明度，将习语分为非透明的、透明的与准隐喻的。Fernando（1996）也依据意义标准将习语分为纯习语（pure idiom）、半习语和字面习语（literal idiom）。

Grant 和 Bauer（2004：52-53）从意义的角度分为核心习语、比喻性习语和非合成单位。Nesselhauf（2003）将英语中的单词组合分为三类：自由组合（free combinations，如 want a war）、搭配（如 take a picture）和习语。Nattinger 和 DeCarrico（1992）依据功能把词汇短语分为社会互动类、必要的话题类和话语设置类。社会互动类指的是那些描述社会关系的词汇短语；必要的话题类指的是那些对经常被问及的或日常会话中必要的话题进行标记的词汇短语；话语设置类指的是那些对话语的意义或结构进行连接的词汇短语。Aijmer（1996）根据功能把"会话常规语"分为社会互动功能、语篇功能和态度常规语。

四分法。这里首先列举了三位专家基于语言形式对程式语的分类。例如，Nattinger 和 DeCarrico（1992：37-44）的四分法：聚合词、习惯表达法、限制性短语和句子构造型结构（sentence builders）；Lewis（1997：256-260）的四分法：单词与聚合词、搭配、习惯性话语、句子框架与引语（sentence frames and heads）；Howarth（1998）的四分法：功能性表达、合成性单元、词汇搭配和语法搭配。此外，Biber、Conrad 和 Cortes（2004：384-393）借鉴系统功能语言学的理论框架将"词束"（lexical bundles）分为立场词束、语篇组织语、指称词束和特殊的会话词束。毛澄怡（2008：59）借鉴 Hakuta（1974）及 Krashen 和 Scarcella（1978）的分类，以语言形式为基础，将所研究语料（Spoken English Corpus of Chinese Learners，简称 SECCL）中的语块分为四类：①句子层面带空语块，如 I think …、 Could you …；②句子层面固定语块，如 Good morning、See you tomorrow；③短语层面带空语块，如 as far as … is concerned；④短语层面固定语块，如 you know、pick out。

五分法。例如，Moon（1997：45-47）基于语言形式对程式语进行了如下分类：复合词、短语动词、习语、固定短语和预制组件（prefabs）（如 the thing/fact/point is、 that reminds me、I'm a great believer in）。我国学者张建琴（2004：12）参照 Ketko（2000）、Nattinger 和 DeCarrico（1992）的分类，将词汇短语按功能分为与主题相关的具体短语、与主题相关的一般短语、语篇构造短语、交际短语和其他一般短语。

六分法。Becker（1975）基于语言形式对程式语进行了如下分类：聚合词、限制性短语、元信息（meta-messages）、句子构造型结构（sentence builders）、情景性话语和原文片段（verbatim texts）。

十二分法。Biber 等（1999）基于语言形式对程式语进行了如下分类：名词短语 + of 短语片段；名词短语 + 其他后修饰语片段；介词短语 + 嵌带 of 短语片段；其他介词短语片段；先行词 it + 动词短语/形容词短语片段；被动动词 + 介词短语片段；系动词 be + 名词短语/ 形容词短语片段；（动词短语 +）that 从句片段；（动词/形容词 +）to 从句片段；副词从句片段；代词/名词短语 + be（+ ...）片段；其他形式。

李美霞（2011：6-11）从语言学的五个不同视角讨论了程式语的定义：①生成语言学视角：在生成语言学看来，语言系统包括语法和词汇，语法是一套只根据结构特征而不考虑意义且把语言成分相结合的运算规则，词汇是所有必须背诵的非合成的不规则的组合。由此看来，程式语只能是一个意义整体，是非合成性的，通常作为一个独立的词汇项以句法特征被储存。近年来，生成语言学逐渐开始注意程式语的问题。②认知语言学视角：在乔姆斯基那里，只有语法和词汇，程式语处于边缘地位。而认知语言学认为，语言是构成人类认知不可或缺的一部分，强调的是语言和认知之间的关系。认知语言学认为，语言本质上是象征性的，也就是说语言表达式象征或代表概念化，Taylor（2002：20）将这种假设称为象征性论点，并说："根据这个象征性论点，任何语言表达式，无论是单独的词汇、词素、短语、句子或甚至整个篇章都有。"认知语言学家或认知语法学家并没有真正界定过程式语，但他们对象征性结构（象征性单位）的界定符合程式语所表现的特征。Gries（2008：13）用他所提出的界定程式语的六个参数重新界定了象征性结构（象征性单位），结果发现，界定程式语的六个参数也能用来界定象征性结构（单位），这说明，在认知语言学那里，程式语不再是"另类"，也是认知语言学研究的基本单位，它就是一种象征性结构（或单位），是形式和意义的匹配体，无论它以短语的形式出现还是以句子的形式出现。③语料库语言学视角：语料库语言学认为，程式语是一种规约性的、约定俗成的话语。Biber 等基于大规模语料库通过量化方法研究程式语，将程式语界定为"在语料中每百万词汇中至少出现 10 次的（语言单位）"。这一定义似乎隐含着程式语并不一定就是我们早已烂熟于心的习语或其他固定的词汇搭配。正如 Cortes（2004：400）所说："许多程式语并不是习语；相反，它们的意义是透明的，完全可以从构成习语的单个词汇的意义中提取。"语料库语言学认为，程式语是由频率所决定的，而不是由感觉所决定的。④功能语言学视角：在 Halliday 的模式中，只有句法和词汇，并没有论及程式语，在他的语法中，词汇是个宽泛的概念，它不但包括单个的词汇，还包括串联在一起的短语或词组。该语法主要从意义出发，语法、词汇（包括程式语）只是实现意义的资源；既然是资源，那就存在或然性。例如，"I think""As far as I know"等，这些表达式实质上就是程式语。可以说，在系统功能语法中，程式语是词汇语法的重要构成部分。⑤应用语言学视角，由于应用语言学是个庞大的群体，大家观点各异，这里就不再讨论。

另外，Wray（2013）认为，对程式语是否属于"纯语言"的理解，不同视角有不同的看法，需要去分辨是"纯语言"的程式性还是个人/群体使用语言的程式性，也需要去分辨是说话人语言的程式性还是听话人语言的程式性。

从语料库语言学视角来看，语言本身具有程式性的材料。语料库主要研究大量的文本材料并找寻重复率，但并不关注谁产出的文本。如果发现某一特殊的词语顺序重复出现，那么很可能这样的模式是属于"纯语言"的程式语。

从心理语言学的角度来看，把程式语归入"纯语言"并没有什么价值，因为程式语是一串由个人处理的词语。一个人所认为的程式语，可能不是另一个人的程式语。所以，说话者说出程式化的语串，对听话人来说，可能根本不是程式化的。

3. 本书采用的术语

从以上分析可以看出，程式语的相关术语之多，可能会使人不知所措，但同时说明程式语是一个开放性的术语，人们可以根据自己的理解去定义，在个人具体的研究中，可以根据自己研究的需要去下定义，把自己的研究定义在具体的研究框架之内。本书采用“程式语”这一术语而不是其他术语展开研究，Wray（2002：4）认为，不依赖其他组成部分的词（words）和词串（word strings）就是程式（formulaic）。Wray（2002：9）认为，“formulaic sequence”是最佳名词，因为“formulaic”这个词本身具有“统一体”（unity）、“习俗”（custom）和“习惯”（habit）的含义，“sequence 表示一个以上的、任何种类的可以观察到的内部单位（unit）”。本书所采用的程式语的工作定义主要基于 Wray（2002）这个定义，同样基于程式语的广义定义，即程式语包括一个字/词以上的词串、短语、词组等。Gries（2008）指出，短语是一个词汇单位和另一个或几个词汇单位的共现组合，该共现组合在短语或句子中具有独立的语义功能。Hunston（2011）提出，短语是一个很宽泛的概念，它指的是词汇或词群间在一定语境下的共现倾向。这里的短语是程式语的一种形式。

从以上对程式语的诸多定义可以看出，程式语是一个非常大的概念，具体研究只能涉及其中很小的一部分，因此，本书仅仅涉及程式语的一个很小的点，其中英汉程式语对比研究只涉及心理动词程式语。

1.2.2 心理表征和心理词汇

表征就是所表现的特征（characterization），它是指可反复指代某一外部的或想象的事物的任何符号或符号集。在心理语言学领域，表征（representation）特指“心理表征”（或“知识表征”或“认知表征”）。心理表征是外部事物在心理活动中的内部再现，是信息在头脑中的呈现方式，是知识在我们心理中的反映和存在方式。例如，老师上课时说，请同学们想一想“gui”是什么？有的说是“龟”，有的说是“跪”，有的说是“轨”，有的说是“鬼”，有的说是“归”，有的说是“规”，等等。我们回答时，心理想到的那个画面、那个概念就是心理表征。

按照知识的种类及其提取方式，心理学家认为人类至少有四种类型的心理表征：认知地图、表象、图式和心理语言。①认知地图是一种对综合环境经验的心理表征，主要包括顺序、方向、距离、时间关系等信息。②表象就是当我们在想象某个人或某个东西时，我们的心中似乎就会出现相关的形象，也可以叫心象。③图式是人类对各种世界知识的一般性的抽象和概括并且作为认知单元存贮在心理。④心理语言可以分为形式表征和语义表征。语言的形式表征是以知觉为基础的表征，包括语言的视觉和听觉；语义则是形式所代表的认知内容，主要包括概念和命题。

“心理词汇”又称为“内部词汇”或“心理词典”，指的是词汇知识存贮于大脑的心理表征。Jarema 和 Libben（2008）认为：“心理词汇是一个构成有意和无意词汇活动能力的认知系统。”Carroll（2008：103）指出了心理词汇和心理表征的关系，Carroll 认为，“心理学家把词在永久性记忆中的心理表征称为内部词汇。”（“Psycholinguists refer to the reprsentation of words in permanent memory as our internal lexicon.”）简单来说，根据 Carroll 的定义，心理词汇就是词的心理表征。

第 2 章

程式语加工研究

程式语加工是近些年心理语言学研究的热点问题之一。此类研究发端于 21 世纪初的初步研究阶段和后来的深入研究阶段，经历了 20 世纪 70 年代中期开始的理论探索阶段。研究内容主要包括对程式语加工整体效应的研究，以及对程式语加工影响因素的研究。然而，由于程式语的术语繁多，界定不一，不同研究之间的可比性并不强。此外，以往研究主要集中于对习语加工的探讨，研究的范围过于狭窄，内容有待丰富。后续研究应开展对各类程式语的研究，对程式语加工影响因素的研究和对外语学习者程式语加工的研究。

2.1 引　　言

语言学家早就认识到，语言使用中存在着程式化的语言，即说/写者倾向于反复使用相同的词组或句式，其形式较为固定，语义或功能也比较明确。这种语言结构被赋予了不同的名称，例如，“程式语”“语块”“词汇短语”“词串”等，其定义也纷繁各异。本章采用 Wray（2002：9）的术语和定义，即程式语是“一个由单词或其他成分组成的连续或非连续的序列，该序列是（或看起来是）预制的，即在使用时是从记忆中整体提取或存储的，而不是通过语言的语法生成或分析的”。

20 世纪 70 年代，语言习得领域出现了一场程式语研究的热潮，研究者探讨了程式语的识别与分类，语言习得中大量使用程式语的原因，以及程式语在语言发展中的作用等问题。进入 21 世纪以来，随着各种大型语料库的建成以及语料库软件的开发，越来越多的研究者开始利用语料库探索不同语域或语体中语言的使用特点和规律，其中就包括对程式语的研究。后来，人们又开始从心理语言学视角对程式语的加工进行研究。程式语研究呈现出一派方兴未艾的景象。

语言加工是指对输入的语言信息进行编码、转换、存储、提取的过程。本章探讨的程式语加工指的是人们对程式语进行存储和提取的过程。以往研究中，句子层面的语言加工研究已开展较长时间，但对程式语加工的研究尚处于起步阶段，虽然取得了一些研究成果，但很多问题尚有待进一步探讨。本章拟对程式语加工研究进行总结和梳理，指出其中可能存在的问题，并对未来的研究方向进行展望。

2.2 程式语加工研究的进程

2.2.1 理论探索阶段（20 世纪 70 年代中期至 20 世纪末）

20 世纪 70 年代中期开始，语言学家开始认识到程式语对语言加工与习得的重要性。Bolinger（1976：1）指出："我们的语言并不期待我们从木材、钉子和蓝图开始来建造所有的东西，而是给我们提供了极其之多的预制件。"该论断对当时占据主流地位的转换生成语法理论提出了挑战，对后来的语言学研究也产生了重要的影响。Wong-Fillmore（1976）和 Peters（1983）对二语和母语习得者的研究表明，儿童可能是通过将已经习得的程式语切分为更小的组成部分来建构其语法知识。Pawley 和 Syder（1983）的研究表明，我们的大脑将有用的单词组合存储为预制的整体单位（即程式语），与使用语法与词汇生成的相同单词序列相比，它们更易提取与加工。在各阶段，研究者试图从理论上阐释程式语在语言加工与习得中的作用，只有一部分针对习语加工的研究问世。

2.2.2　初步研究阶段（21 世纪前五年）

对非习语程式语加工的研究开始于 Bod（2001）（Tremblay，2009：10），而由 Schmitt 主编的 *Formulaic Sequences: Acquisition, Processing and Use*（2004）的出版则标志着程式语加工研究的开始。在这本论文集中，Schmitt 和 Underwood（2004）开创性地使用自定步速逐词阅读实验，考察了习语和少量词串的加工形式，虽然没有得到其预想的结果，但至少在某种程度上引发了人们对实验所使用方法的思考。Schmitt、Grandage 和 Adolphs（2004）首次探讨了复现词丛（recurrent clusters）的心理效度问题，发现仅凭语料库数据并不能可靠地判断复现词丛的程式性（formulaicity）。该研究结论促使人们重新思考频率与程式性的关系问题，为后续研究也提供了可资借鉴的研究方法和语料。

2.2.3　深入研究阶段（2007 年至今）

对程式语加工进行深入研究的阶段开始于美国马里兰大学蒋楠教授所做的研究。Jiang 和 Nekrasova（2007）指出了 Schmitt 和他的同事在研究设计上的缺陷，并重新选取语料和实验方法进行了实验。Nekrasova（2009）对 Schmitt、Grandage 和 Adolphs（2004）在语料的选取及其处理上存在的问题进行了阐述，并据此明确了其程式语选取所遵循的标准。该研究使用填空和限时听写考察了英语母语者和二语习得者是否以整体形式识别英语词串。Tremblay（2009）研究了从语料中提取的 4-5 词词串是否以整体形式存储与加工。研究者使用三项自定步速阅读实验和一项即刻自由回忆实验，对本族语者的程式语存储与加工进行了研究。总之，这些研究的设计更加严谨，使用的方法也更为多样，所得的结果也更有说服力。

2.3 程式语加工研究的主要内容

2.3.1 程式语加工整体效应的研究

心理词库的性质问题是普通语言学和心理语言学中一个经久不衰的话题。争论的焦点在于词汇存储的基本单位以及词库中不同形式的组织模式。针对形态复杂词的表征模式，Pinker（1991）提出了备受争议的规则-列表模式（rule-list model）。该模式认为，形态复杂词没有列入词库中，而是通过规则创造出来的。不过，Pinker（1991）认为，不规则的屈折形式具有独立的词汇表征，因为这些形式不能通过过去时的一般规则加以产出。此外，人们一般认为，某些较长的短语（如惯用语）也是不加分析地存储在心理词库中的，因为这些短语在语义上不透明，而且不能通过规则对其加以产出。Wray（2002：34）进一步扩大了心理词库的范围，她认为除了惯用语等不符合语法规则的短语之外，很多组构性的、符合语法规则的多词单位也可以整体存储与加工。在以往的研究中，很多学者尝试使用不同的方法对该理论假设进行检验，所得的结果既有支持该假设的，也有同该假设相左的，还有部分支持该假设的。

1. 习语加工的研究

习语是一种约定俗成的表达，其意义不能总是从其组成部分的常见意义中推导出来。作为一种非透明的语言结构，习语常被视为程式语的原型（Nekrasova，2009：648）。因此，在程式语加工研究中，习语受到了很大程度的关注。此类研究主要探讨了以下两个问题：①习语的比喻义和字面义谁先得到激活？②习语的加工相对于非程式性短语的加工是否具有某种优势？

针对第一个问题，学者们提出了诸多模型来解释本族语者对习语的理解过程。例如，Swinney 和 Cutler（1979）提出的“词汇表征假说”认为，习语在心理词库中的表征方式和形态复杂词十分相似。他们认为，在习语理解过程中，当人们接触习语的首个单词之时，其字面义的计算和比喻义的提取是同时进行的，但由于前者比后者耗时更长，习语的比喻义应该首先得到激活。Cacciari 和 Tabossi（1988）提出的“结构假说”认为，习语成分单词的字面义依次得到激活，直至“习语键”（idiomatic key）的出现。在习语键出现之时，该习语的惯用结构就会涌现出来，进而其比喻义得以通达，字面义受到排斥。

针对第二个问题，多数研究表明，受试对习语的加工要比非习语性短语更快。然而，Gibbs、Nayak 和 Cutting（1989）提出的“习语可分解假说”认为，不同的习语其表征与加工的方式是不同的，这要取决于其是可以分解的还是不可分解的。所谓可分解习语指的是其成分单词对其比喻义起作用的习语（如 pop the question），而那些成分单词不起这种作用的习语则是不可分解习语（如 bite the dust）。Gibbs、Nayak 和 Cutting（1989）认为，只有可分解习语的加工比控制短语更快，而不可分解习语相对于控制短语来说并不具有加工优势。不过，Tabossi、Fanari 和 Wolf（2009）的研究并不支持这一观点。该研究通过一项语义判断任务考察了本族语者对习语的加工，结果发现，相对于字面表达来说，受试对可分解和不可分解习语的反应速度都更快。这就表明，习语的成分单词是否与其比喻义有关似乎并不影响习语的加工。近些年来，学者们还研究了非本族语者对习语的理解与加工，研究结果不尽一致。Cieslicka（2006）的研究表明，在非本族语者的习语理解过程中，字面义相对于比喻义具有某种加工上的优势。Conklin 和 Schmitt（2008）研究了本族语者和非本族语者对习语的加工，结果表明，受试对习语的阅读要比非习语性短语更快，此外，熟练的非本族语者也具有习语的加工优势。Underwood、Schmitt 和 Galpin（2004）也得出了类似的结论。Siyanov-Chanturia、Conklin 和 Schmitt（2011）使用眼动跟踪技术，使用和 Conklin 和 Schmitt（2008）类似的语篇作为实验材料，研究了本族语者和非本族语者对习语的加工，结果发现，本族语受试加工习语的速度明显快于非程式性控制短语，而非本族语者加工习语的速度并不快于匹配的控制短语，相反，习语的比喻义比控制短语的字面义似乎加工得更慢。

2. 非习语程式语加工的研究

非习语程式语指的是除习语以外的程式语类型，包括（但不限于）复现词丛（又称词串）、语块、二项式短语、搭配、词汇短语。复现词丛和词串的概念来源于语料库语言学，指的是通过语料库驱动方法，以特定的频率和分布标准而提取的连续性的单词序列，其特点在于使用的高频性。语块这个名称来源于心理学中的另一个概念——组块，它指的是位于词汇与语法两级之间、固定或半固定、模式化的语言结构，其特点在于形式的不变性和语义的约定俗成性。在国内的研究中，语块有广义和狭义两种理解。广义的语块相当于程式语的概念，而狭义的语块相当于词串的概念。词汇短语是一种形式与功能的复合体，是介于传统的词汇与句法两极之间的词汇语法单位，其特点在于其具有的功能性。到目前为止，只有少数学者研究了非习语程式语的加工问题。

Schmitt、Grandage 和 Adolphs（2004）通过口头复述研究了从语料库中提取的复现词丛是否具有心理效度的问题，发现并非所有的词丛都被受试完整地复述了，因此并非所有的词丛都可以被认为是程式化的。此后，Jiang 和 Nekrasova（2007）、Tremblay（2009）和 Siyanova-Chanturia、Conklin 和 van Heuven（2011）分别对从语料库中提取的 3-4 词词串、4-5 词词串和二项式短语进行了研究。研究结果均支持程式语的整体表征与加工模式。近来，詹宏伟（2012）以英语专业本科生为研究对象，采用音素监控任务，考察了二语语块的心理现实性。结果显示，语块条件下音素监控的反应时较短；在非语块条件下，音素监控的反应时较长。对此，研究者认为，这是由于语块提取的整体性，节约了受试的认知资源，因而提高了对目标音素的监控速度。

2.3.2　程式语加工影响因素的研究

词素加工研究表明，词频影响着多词素词的表征与通达模式。有研究表明，高频的复杂词形可能是以整体形式表征的（Sosa & MacFarlane，2002：228）。受到这些研究的启发，Sosa 和 MacFarlane（2002）提出，高频的二词搭配与短语也可能以整体形式存取于心理词库中。他们运用单词监控范式（word-monitoring paradigm）研究了受试对不同频率的短语中 of 的反应时间。结果发现，搭配的频率效应显著，当 of 出现在频率很高的搭配中时，受试的反应时更长，表明高频短语是以整体形式进行加工的。

相关研究中，Arnon 和 Snider（2010）、Ellis、Simpson-Vlach 和 Maynard（2008）也发现了频率因素对非习语程式语的影响。Arnon 和 Snider（2010）的研究表明，频率高的短语比频率低的加工速度更快。而 Ellis、Simpson-Vlach 和 Maynard（2008）的研究却发现，本族语者对程式语的加工受单词间互信息的影响更为强烈，而学习者受程式语频率的影响更加显著。近年来，国内也有学者开始对程式语加工及其影响因素进行研究。他们借鉴国外的研究方法，对中国外语学习者的程式语加工及其影响因素进行了多角度、多方法的研究（李红、缪道蓉，2009；钟志英、何安平，2012；李更春、贾冠杰，2013）。这些研究均表明，学习者的语言水平对程式语整体表征与提取没有产生显著的影响。曹宇（2018）对一语语义知识对中国英语学习者英语程式语加工的影响进行了研究，研究结果表明：第一语言语义启动词和相关语义启动词对不同水平组被试均产生了显著的启动效应；对于不同水平组被试来说，第一语言语义启动词的启动效应均大于相关语义启动词。整个研究表明，中国英语学习者加工英语程式语时可能借助了一语词汇语义。而且，高水平中国英语学习者的英语程式语加工仍然受到第一语言语义启动词的影响。

以上研究表明，频率是程式语加工过程中一个重要的影响因素，某语言结构的频率越高，受试对其加工的速度就越快，反之则越慢。这在一定程度上支持了基于使用的语言学模型。基于使用的语言学模型认为，语言习得的基本单位是“构式”，语言学习者的任务就是习得一组长度、复杂性和/或抽象程度不同的构式。这些理论认为，所有的语言信息都是以相同的方式表征与加工的，因此均应受频率的影响。人们在接触一个新的语言单位时，并不是对其解码之后就将其从记忆中清空，相反，新的经验决定了记忆的表征。大脑中表征的内容仅仅建立在统计数据的基础上。语言不应被视为一组语法规则，而应被视为语言经验在统计学意义上的累积，每当人们接触一个特定的话语时，该累积的结果就会发生变化。换句话说，每一次对某语言形式的接触和使用都会在人们的大脑中留下或深或浅的痕迹，当相同的痕迹累积到一定程度时，该语言形式就会固着在大脑中，并形成其心理的表征。根据该观点，频率较高的语言形式要比频率较低的语言形式加工速度快。以上研究均支持该理论假设。

2.4 程式语加工研究存在的问题

1. 术语繁多，界定不一

综观国内外程式语的相关研究，笔者发现，该研究领域存在术语繁多、界定不一的情况。学者们从各自的研究背景和研究目的出发，创造和使用了50 多个术语（Wray，2002：9）。这些术语涵盖的范围或大或小，所指涉的语言结构也是同中有异。本章所使用的术语及其定义引自英国语言学家Alison Wray，该术语是目前学界使用较多的术语之一，其指涉的语言现象的范围也最广，它既包括习语、谚语、惯用语等形式和语义比较固定的语言结构，也囊括词串和词汇短语等形式较为灵活、语义较为透明的语言表达。

具体到各项研究中，人们使用较多的术语还有“习语”“词串”“复现词丛”“语块”等。这些术语的定义、特征和涵盖范围各不相同。正是因为对程式语选取范围的差异，不同的研究所得出的结论不尽相同。例如，在Schmitt、Grandage和Adolphs（2004）进行的研究中，研究者使用的实验材料全部是从语料库中提取的复现词丛，相比之下，Schmitt 和

Underwood（2004）及 Underwood、Schmitt 和 Galpin（2004）除了使用语料库提取的复现词丛以外，还使用了大量的习语。Jiang 和 Nekrasova（2007）使用的实验材料都是通过语料库提取的 3-4 词词串，其中有些具有完整的结构和意义，有些则不具有完整的结构和意义。因此，在对具体研究的结论进行解读时，尤其要注意其选取的程式语是习语、词串还是两者皆有。

2. 研究范围过于狭窄，内容有待丰富

在以往的研究中，很多程式语加工的研究都聚焦于习语的加工问题，这种研究还是存在诸多问题的。首先，虽然习语的凸显度较高，但在实际的语言运用中，其使用频率并不高，因此非本族语者接触习语的机会可能并不是很多。所以，根据非本族语者对习语的加工来判定他们对语言复现模式的敏感性不是最佳选择。其次，习语意义的透明度存在着程度的差别：有的习语的成分单词对其整体意义具有明显的贡献作用，有的习语的成分单词却不存在这种作用。而多数研究没有分析习语的透明度对其加工所产生的影响。再次，由于很多习语具有两种意义（即字面义和比喻义），大脑的加工系统需要从相互竞争的语义表征中做出选择，而这可能会减慢习语加工的速度。因此，虽然习语加工的研究成果较为丰硕，但其他非习语程式语也许能更好地反映程式语的加工（如词串、搭配或二项式短语）。此外，在考察二语学习者对程式语加工的研究中，国外的研究者没有将学习者的二语水平及其对程式语的熟悉度纳入其考察的范围，而两者都可能影响到学习者对程式语的加工与表征模式。

2.5　程式语加工研究未来的研究方向

2.5.1　对各类程式语的研究

程式语是一个包罗万象的概念，它既包括习语、谚语，又包括会话

公式语、惯用语、词汇短语，还涵盖各种语域的词串等语言结构。有些研究对这些语言结构不加区分，所使用的语料既有习语，又有某类语域中的词串。这种做法是否欠妥，笔者尚不作评论。但有一点是明确的，即不同类型的程式语在结构的完整性、句法的灵活性、语义的透明度和语用功能上各不相同，应该加以区别对待。未来的研究应就某类具体程式语展开研究。此外，不同语言间程式语的加工是否存在区别，尚有待实证研究加以揭示。

2.5.2 对程式语加工影响因素的研究

如前所述，词频影响着多词素词的表征与通达模式。Sosa 和 MacFarlane（2002）及 Arnon 和 Snider（2010）的研究都表明，程式语的频率也影响着程式语的表征模式或加工速度。Ellis、Simpson-Vlach 和 Maynard（2008）则进一步明确，本族语者和高水平的二语学习者倾向于受不同因素的影响，即前者更易受到单词间互信息的影响，而后者则对程式语的使用频率更加敏感。需要指出的是，该研究中的受试为高水平的二语学习者，至于中等及以下水平的二语学习者受何种因素的影响，尚有待进一步的研究。此外，高频率并不等同于高熟悉度，尤其是对英语水平较低的学习者来说，熟悉度也许是影响其对程式语加工与表征的一个更加可靠的因素。未来研究需要进一步考察程式语的使用频率、互信息、熟悉度等因素对程式语加工的影响。

2.5.3 对外语学习者程式语加工的研究

以往的研究多数以英语本族语者和较高水平的二语习得者为研究对象，而对以英语为外语的学习者则缺乏系统的研究。在大多数国家和地区，外语学习者主要是通过课堂教学进行语言输入，且缺乏足够的语言输出的机会，因此他们与二语习得者存在着较大的差别。对外语学习者的研究不仅能拓宽程式语加工的研究范围，还能对现有的语言习得模型进行十分必要的检验或补充。可喜的是，国内已有部分学者意识到了这个研究盲区，他们开始运用各种方法（如语法判断任务、自定步速阅读、单词监控范式和音素监控实验）对中国外语学习者的程式语加工进行多侧面、多方法的研究。可以预见，在未来的研究中，将有更多的学者对不同水平外语学习者的程式语加工及其影响因素进行探讨与研究。

2.6　小　　结

程式语加工研究是近年来心理语言学界的一个热点问题。同时，程式语也是外语学习者语言学习过程中的一个难点问题。通过对程式语加工的研究，可以揭示隐藏在语言使用背后的深层机理，也能有效地辅助词典编纂、教材的编写和教学大纲的制定。国外对程式语加工的研究起步较早，取得的成果也较为丰硕，国内目前还处于起步阶段，尚有许多问题需要进一步探讨与研究，尤其是对不同类型程式语的加工及其影响因素的研究尚有很大的空间。我们期待着有更多的此类研究问世。

第 3 章

研究方法

3.1 程式语加工的实验方法

近年来，程式语的心理加工与表征已成为心理语言学研究的热点之一。在此类研究中，学者们所使用的实验方法往往不同，其基本原理及实验过程中可能出现的问题没有得到必要的思考与改进。本章对已有的主要实验方法进行梳理和评析，得出结论：未来研究应结合具体的目的，选用适当的实验方法或其组合，对特定类型程式语的心理加工和表征进行更具可信度的研究和探索。

心理词库的性质问题是心理语言学和普通语言学中经久不衰的研究课题。作为心理词库研究的重要内容，程式语（formulaic sequences/language）的心理加工与表征近 10 年来受到了越来越多的关注与研究（李更春，2014）。这些研究以特定类型的程式语（如习语、词束、搭配）为实验材料，以不同的受试群体为研究对象，对程式语的心理加工与表征进行了考察与探索。然而，不同的研究所使用的实验方法往往不同，其基本原理也存在一定的差异。遗憾的是，国内外学者在运用这些方法时却没有对其基本原理及可能存在的问题进行必要的思考和改进，这势必在一定程度上影响其研究结果的可信度。本章对程式语加工的主要实验方法进行梳理和评析，目的是更清楚地认识各方法背后的理论假设及实验过程中可能存在的问题，进而理性地看待已有的研究结果，并选择适当的方法或其组合对各类程式语的心理加工与表征进行多方法、多通道且更具可信度的研究。

3.1.1 主要实验方法

目前，学界常用来研究程式语加工和/或表征的实验方法主要有在线语法判断任务（online grammaticality judgment task）、自定步速阅读实验（self-paced reading experiment）、末尾词启动实验（final-word priming experiment）、眼动跟踪实验（eye-tracking experiment）和单词监控范式/实验（word-monitoring paradigm or experiment）等。其中，自定步速阅读实验又分为逐词（word-by-word）、逐项（portion-by-portion）和逐句（sentence-by-sentence）实验。

1. 在线语法判断任务

这是一种学界普遍采用的方法（Jiang & Nekrasova，2007；李更春，2011；钟志英、何安平，2012；李更春、贾冠杰，2013；许莹莹、王同顺，2015）。该任务要求受试对所呈现单词串的语法性（grammaticality）进行判断，即判断某单词串是否符合语法。一般来说，实验材料包括一定数量的程式语、合乎语法和不合乎语法的单词串。其基本原理是，如果受试以整体形式加工程式语，那么他们就能绕开（bypass）对其成分单词和内部结构的分析，进而从心理词库中整体通达该单词组合的形义信息，而对合乎语法的单词串（但非程式语）的判断则不可避免地涉及词汇通达和语法分析；且由于涉及这两个步骤，受试的反应时就会相应增加，在限时任务中，受试出错的概率也会相应加大。研究者一般通过对程式语、合乎语法和不合乎语法的单词串的反应时和错误率差异的统计学检验，进而推断受试对程式语的加工形式，即是整体加工（holistic processing）、分解加工（analytical processing）还是两者皆有。

2. 自定步速阅读实验

根据实验材料的呈现方式（即是以单词、句子片段还是整个句子为呈现单位），此类实验又可分为自定步速逐词阅读、逐项阅读和逐句阅读实验三种。

1）自定步速逐词阅读实验

此实验将含有程式语或非程式语的句子切分成一个个单词，要求受试对所呈现的单词进行阅读，之后迅速按键来阅读下一个单词，如此下去，直至句末（Schmitt & Underwood，2004；Tremblay，2009；Tremblay et al.，2011；李更春，2011；李更春、贾冠杰，2013）。需要指出的是，此实验中的程式语和非程式语只有一个单词是不同的（下称“差异词”），而其他单词则完全相同。其基本原理是，在阅读时，人们会不断地根据前文内容来对下文进行预测，包含对下文可能出现的单词的预测；如果受试以整体形式对程式语进行表征（进而加工），那么受试在阅毕程式语前几个单词之时，就会从心理词库中通达整个程式语的形义信息，包括其词汇构成，进而在阅读稍后出现的某个单词的时候，其速度就会加快。研究者一般通过对比程式语和非程式语差异词的阅读速度，进而推断受试对程式语的加工形式。

2）自定步速逐项阅读实验

此实验是对逐词阅读实验的改进。同逐词阅读实验一样，研究者将含有程式语或非程式语的句子切分成若干部分；与之不同的是，该实验将这些句子切分成一个个片段而非单词，即程式语（或非程式语）前的句子片段、程式语（或非程式语）和程式语（或非程式语）后的句子片段，要求受试对所呈现的句子片段进行阅读，阅毕迅速按键来阅读下一单词串，直至句末（Tremblay，2009；Tremblay et al.，2011；詹宏伟、宋慧娜，2012）。其基本原理与在线语法判断任务相仿。

3）自定步速逐句阅读实验

与前两项实验不同的是，在此实验中，研究者对含有程式语或非程式语的句子不作切分，而是将整个句子呈现在受试面前（Tremblay，2009；

Tremblay et al.，2011；李更春，2011；李更春、贾冠杰，2013）。其基本原理是，由于不对句子作任何切分，受试在较为真实阅读条件下的表现能更客观地反映其语言加工策略。需要指出的是，同前两项实验相同，研究者一般会设计一些与阅读内容相关的问题，供受试通过按键加以回答。这样做的好处在于，由于设置了阅读理解任务，受试在此实验中的任务投入量相较语法判断任务会有所增加；此外，研究者还可以根据受试对这些问题的回答情况来检验受试是否对实验材料进行了深层次的语义加工。

3. 末尾词启动实验

在此实验中，研究者一般将程式语或非程式性的单词串切分为两个部分，即前端部分和末尾词，受试先对前端部分进行默读，并对随即出现的末尾词进行朗读（或词汇真假性判断）（Ellis，Simpson-Vlach & Maynard，2008；王启，2015）。其基本原理是，如果某程式语是以整体形式表征和加工的话，那么受试在阅毕其前端部分时，就会从其心理词库中整体通达该程式语，这样一来，其末尾词就会受到启动，进而对该末尾词的反应时间就会缩短。

4. 眼动跟踪实验

此实验一般将程式语置于语篇中，测量受试对程式语末尾词的注视频次与时长（如 met the deadline by the skin of his <u>teeth</u>），再将该测量结果与非程式语相同末尾词的测量结果进行比较（Underwood，Schmitt & Galpin，2004；Columbus，2010；Siyanova-Chanturia，Conklin & Schmitt，2011；Valsecchi et al.，2013）。其基本原理是，如果受试从前几个单词中辨认出某程式语，那么其末尾词就不需要太多的注意，进而受试对其注视的频次和时长就会少于非程式语末尾词。

5. 单词监控实验

如果说以上实验均考察受试对程式语的视觉加工，那么单词监控实验则考察受试对程式语的听觉加工。在此实验中，研究者一般从某语音语料库中提取含有某单词（如 of、the）的程式语和非程式语所在的句子，要求受试对这些句子中是否包含该单词进行判断（Sosa & MacFarlane，2002；李红、缪道蓉，2009；李更春，2011；李更春、贾冠杰，2013）。其基本原理是，如果程式语的频率很高以至于有了独立的词汇表征，那么对其中某成分单词的通达将涉及解构过程，这将延长对该词的反应时，在限时任务中，受试出错的概率也会有所增加。研究者可以通过对比程式语和非程式语中相同单词的监控时间和错误率，进而判断受试对程式语的心理表征模式。

3.1.2 评析与讨论

在以往研究中，学者们运用以上的一种或多种方法对程式语的心理加工或表征进行了诸多研究，但由于各方法本身所存在的或大或小的问题，其研究结果只能在部分程度上反映受试对程式语真实的心理加工形式或表征模式。

1. 评析

如前所述，学界普遍使用的一种方法就是在线语法判断任务。该任务的优势在于其简单易行，对受试的任务要求较低。然而，由于在该实验中受试接触的都是脱离具体上下文（decontextualized）的单词串，且该实验没有明确要求受试对相关程式语进行理解，因而受试有可能进行的是基于形式而非意义的阅读。也就是说，在这种实验条件下，受试的阅读目的和策略可能与真实阅读条件下有所不同。其次，由于该实验明确要求受试对单词串的语法性（即是否合乎语法）进行判断，这就无形中增加了受试以单个的词为单位进行阅读的可能性。虽然受试在该实验中对程式语的判断速度可能要快于非程式语，但仍有可能慢于其在真实条件下的阅读速度。此外，由于受试有可能进行基于形式的阅读，因此受试对程式语外形的熟悉度在其判断中可能也起到了一定的干扰作用。在研究单词识别的文献中，多数研究显示，单词的整体外形起到了较为重要的作用，且当单词外形被改变了之后（如以大小写混合形式呈现时），单词的识别通常受到阻碍（如 Mayall & Humphreys，1996；Perea & Rosa，2002）。在 Allen、Wallace 和 Weber（1995）提出的混合模型中，单词可以通过两种渠道进行通达：一个是单词水平的渠道，负责解码如单词外形等信息；一个是字母水平的渠道，负责分析构成单词的字母。在单词识别过程中，这两种渠道参与到了一种相互竞赛的过程中。Besner 和 Johnston（1989）认为，熟悉单词的整体外形并不是有利于其识别，但可能有利于人们在词汇判断任务中做出判断。如果该论断正确的话，那么受试在对程式语进行判断时也有可能受到其整体外形熟悉度的影响。

末尾词启动实验将语法判断任务与启动实验加以有机地结合，克服了纯粹的语法判断任务中受试的投入量不足（此时受试需要进行口头产出或真假词判断）及过多地依赖形式识别（因程式语的整体外形受到了破坏）等问题，但也受到单词间过渡概率（transitional probability）这一因素的影响，即程式语的成分单词两两之间的过渡概率并不相同，这就给实验材料的切分带来了一定的问题。如果两个单词的过渡概率大，对其中一个的反应或判断会较快，反之则较慢。

基于形式而非意义的阅读模式在自定步速逐词阅读实验中表现得更为明显。后者的优势在于，这种逐词呈现的模式大大降低了受试为完成实验任务而过快按键的可能性。然而，从另一个角度来说，这也同时增加了受试对程式语进行分析性加工（即进行单词识别和语法分析）的机会。此外，受试在该实验中需要不断地按键以阅读下一个单词，而受试反应并按键的速度存在一定的个体差异，频繁的按键则会进一步放大这种个体差异。不过，由于受试最终阅读的是一个个完整的句子，因而相较于在线语法判断任务来说受试进行了更多的语义层面上的加工，包括词汇语义的通达和句子语义的分析与整合，这就较为接近其在真实阅读条件下对语言的实际加工情况。不过这种阅读模式的缺点也是显而易见的。最为突出的一点就是，它人为地隔断了单词之间横向上的联系，受试只有自左至右地逐词阅读才能获得整个句子的语义，而在真实的阅读条件下，人们并非总是以单词为基础进行阅读，而是往往一次阅读多个单词，这些单词通常构成相对独立的意群或调群（intonation group）。因此，通过该实验获得的数据并不能很好地反映受试真实的语言加工形式或心理表征模式。

自定步速逐项阅读实验较好地解决了这个问题。在该实验中，受试可以一次阅读多个单词，这就更加接近真实的阅读情况。研究者一般将含有程式语或非程式语的句子切分成三个部分，即程式语/非程式语前的句子片段、程式语/非程式语本身以及程式语/非程式语后的句子片段。这样做也不是无缺点的。首先，它隔断了程式语和上下文在语音上的联系。有研究表明（如 Lin，2013），只有 20%的程式语与调群完全对齐。调群是人们对话语流进行切分的基本方式，一个调群大致相当于说话者能一次性说出的句子片段。也就是说，在多数情况下，程式语只是语调单位的一部分，程式语是和其他语言成分一起说出或阅读的。其次，与逐词阅读实验一样，这种自左至右的阅读模式也不太符合人们真实的阅读情况。在实际的阅读中，受工作记忆容量、单词熟悉度、句子结构及语义的复杂性和个人阅读习惯等因素的影响，人们有时要进行必要的回视（regression），以便更好地对难点部分加以再理解或对全句的结构和语义进行再分析和再整合。对于一个正常的成年读者来说，其在阅读过程中回视的时间要占到 10%~15%（Underwood，Schmitt & Galpin，2004：153）。而在此实验中，受试无法进行回视，也无法向前掠视（forward fixation）来确认之前所做的各种预测。

这些问题在自定步速逐句阅读和眼动跟踪实验中得到了较好的解决。其中，逐句阅读实验的材料是一个个完整的句子，因此能够较为客观地反映受试在接近真实的阅读条件下对程式语的加工策略；而眼动跟踪实验的材料是一个个完整的语篇，且由于此实验真实地记录受试的眼动情况，因而能够更加客观、准确地反映受试在实际的阅读中对程式语（包括其他语言结构）的加工情况，进而推断其所采用的加工形式。有必要指出的是，从逐词到逐句实验，电脑屏幕一次性呈现的单词（即呈现窗口）越来越多，随之出现的另一种可能性就是，受试“跳过”某些单词的机会也在不断增加。在逐词实验中，受试被迫注意每一个词，而在逐项任务中则可以跳过一些可以预见到的词，当整体阅读句子时则可以跳过更多的词。因而，在对三项实验的结果进行解读时要充分考虑到这个可能性及其所产生的影响。

如前所述，以上实验均考察受试对程式语的视觉加工，而单词监控实验则另辟蹊径，考察受试对程式语的听觉加工。对程式语加工研究来说，这是一种十分有益且必要的补充和完善。该实验一般从自然口语语音语料库中提取含有某程式语或非程式语（该程式语或非程式语含有受试所要监控的单词）的句子作为实验材料。然而，由于口语交际即时性的特点及程式语高频使用的特征，程式语中的成分单词，尤其是其中的某些功能词，可能存在着语音弱化（phonological reduction）的现象。例如，英语中的助动词否定形式 don't 在其最经常出现的构式中往往被弱化（如 I don't know）（Bybee & Scheibman，1999）；在频率极高的搭配中，of 被弱化的可能性极高（如 kind of、lot of）（Vogel-Sosa，2000）。由于这些功能词所存在的语音弱化的可能性，受试对某句子中是否含有某功能词的判断就会受到一定的影响。

2. 讨论

由上可见，程式语加工研究所使用的各种实验方法都或多或少存在着这样或那样的问题，因此过度依赖其中的一种方法或对其结果进行绝对化的解读都是不恰当的。首先，各实验中受试的认知加工层次（Craik & Lockhart，1972）各不相同。例如，在线语法判断任务虽然有可能涉及程式语语义的提取，但也有可能涉及较多的形式层面的加工（如单词或程式语外形的识别和匹配）；自定步速逐词阅读实验虽然以语义加工为目的，但其实验过程很大程度上涉及对单词形式层面的加工；而单词监控实验所考察的主要是语音形式层面的加工。其次，各实验中受试的任务投入量（Laufer & Hulstijn，2001）各不相同。例如，三种自定步速阅读实验均要求受试在阅读之后回答与阅读内容相关的问题，因此受试需要进行语义的分析与整合，这是一种较深层次的语义加工；单词监控实验要求受试判断所听材料中是否含有指定的单词，这是一个较深层次的形式加工；末尾词启动实验则要求受试在理解语义的基础上，口头产出某单词，这是一种深层次的语义加工或产生性加工（generative processing）（Wittrock，2010），当然也涉及一定的语音层面的加工。

从认知加工层次来说，程式语加工内在地包括形式加工和语义加工，因此过度地偏重任何一方都是不妥的。因此，未来研究可以将偏重于形式加工或语义加工的实验方法结合起来，综合考察受试对程式语的实时加工。另外，以完整的语篇为材料的眼动跟踪实验和逐行阅读实验（Conklin & Schmitt，2008）能相对真实且客观地反映受试对程式语的加工情况，而此类实验方法在国内并不多见，未来研究可以考虑选取这些实验方法。此外，程式语加工也包括视觉加工和听觉加工，因此，也有必要将单词监控实验和其他考察视觉加工的实验结合起来，从不同通道来考察程式语的加工，且两种实验的结果也可以相互验证或补充。

总之，为了更加全面且客观地反映不同受试群体对程式语的加工形式或心理表征模式，可以综合运用多种实验方法，一则从不同层面或通道来考察程式语的心理加工。二来使不同的实验方法相互补充，互为验证。国外已有学者将不同实验方法加以结合来开展研究。例如，Tremblay（2009）将自定步速阅读实验和基于 ERP（Event-Related Potentials）的单词和句子回忆实验加以结合；Siyanova（2010）将眼动跟踪和 ERP 技术结合了起来。就国内的研究来说，学者们主要基于在线语法判断任务（钟志英、何安平，2012；许莹莹、王同顺，2015）和自定步速阅读实验（李更春，2011；詹宏伟、宋慧娜，2012；李更春、贾冠杰，2013）来考察程式语加工，基于单词监控实验的研究较为少见（李红、缪道蓉，2009；李更春、贾冠杰，2013），而基于眼动跟踪实验的研究则非常之少，将多种方法加以结合的研究则极其少见。国内学者李更春和贾冠杰（2013）首次将在线语法判断、自定步速阅读和单词监控实验加以结合，综合考察程式语在视觉通道和听觉通道下的加工情况，并提出了我们外语学习者对程式语加工和表征的若干模式。

通过以上的评析和讨论，我们不难得出以下结论：未来研究应结合具体的目的，选用适当的实验方法或其组合，对特定类型程式语的心理加工和表征进行更具可信度的研究和探索。例如，针对二词搭配，可以尝试采用末尾词启动实验并考察互信息对其心理加工与表征的影响；针对三词以上词束，可以考虑将在线语法判断任务、自定步速逐句（或逐行）阅读和眼动跟踪实验结合起来进行研究；此外，还可以对既有方法进行创新，如采用音素监控实验来考察某些程式语的心理加工与表征模式。

3.1.3 小结

程式语的心理加工与表征是一个方兴未艾的研究课题。程式语包括多种类型（Biber Conrad & Cortes，2004；马广惠，2011；李更春，2014），其心理语言学实验方法也多种多样。未来研究可以结合具体的研究目的，选用适当的实验方法或其组合，对特定类型程式语的心理加工和表征进行更具可信度的研究和探索，以不断验证或丰富程式语加工已有的研究成果，不断加深人们对程式语本质属性的认识和理解，为二语/外语教学提供有价值的参考与借鉴。

3.2 第二语言心理语言学研究方法

本节包括两大部分，第一部分笔者比较详细地介绍 Jill Jegerski 和 Bill VanPatten 于 2014 年出版的《二语心理语言学研究方法》（*Research Methods in Second Language Psycholinguistics*）一书的主要内容，该书的出版对心理语言学的深入研究有着重要的指导作用。第二部分是对该书的评价，该书是世界上少有的全新相关专著。

类似的书名很少见到，因为从心理语言学视角无论研究一语还是多语，大家都用“心理语言学”术语，很少用“第二语言心理语言学”。本节重点讨论第二语言心理语言学的研究方法，《二语心理语言学研究方法》全书共10章，除去第一章和第十章，其余8章主要分析讨论目前本领域最新的研究方法。

第一章“第二语言习得心理语言学”覆盖11节相关内容，其中第一节作者首先解释了“什么是心理语言学”。第二节作者讨论了“心理语言学和第二语言习得的关系”，作者认为，从历史上看，二语习得总是和心理语言学联系在一起，二语习得和母语习得可被称为“发展心理语言学”。1983年Evelyn Hatch出版了第一本明确将心理语言学和二语习得联系在一起的著作《心理语言学：二语视角》。Hatch 的书出版之后，二语习得领域的心理语言学家开始较少地关注语言发展本身，而是更多地关注语言的即时理解和产出。

第二章讨论了“自定步速阅读法”。它是一种用电脑记录指定句子或一系列句子的片段（如一个单词或词组）的阅读时间的方法。作者认为，本方法是由心理语言学家在20世纪70年代发明，Juffs和Harrington（1995）首次公开发表了将该方法应用于二语习得研究的作品。在该章最后，作者提出了该研究方法的 6 个优点：最经济；实验是高度便携的；较为高效；句子处理是一种极度隐蔽的测量方法；研究材料在语言目标方面是相对比较隐蔽的；可检测溢出效应和句子简述效应。同时，作者提出了 4 点不足之处。

第三章讨论了“自定步速听力法”。该研究方法的目的是研究听者在实时理解句子的过程中是否使用韵律线索，它是近年才出现的一种全新的心理语言学研究方法。在该章最后，作者列出了该研究方法的 4 个优点：它可以用于那些对被测试语言还不熟练的儿童和成年人；它能够在线测量被试对连续的单词、短语或者句子的反应时；使研究者能够确定假定的轨迹；可以用来研究（母语和二语）发展对浅层和深层句子加工、整合速度及对影响增量处理的表层因素的敏感度的影响。同时，作者提出 2 点该研究方法的不足之处。

第四章是关于“文本眼动实验法”。作者认为，眼动实验方法包括跟踪和记录人们在执行一项涉及复杂视觉认知过程的任务时眼睛的活动。除了用于研究者进行的阅读实验和口语理解中情景认知外，眼动跟踪已经广泛运用于像交通和工程等领域。人们对阅读过程中的眼动行为的兴趣始于 19 世纪，但是现代眼动研究最早起源于 20 世纪 70 年代的重大研究。在 2008 年的一本主流二语习得杂志《二语习得研究》（*Studies in Second Language Acquisition*）第 3 期上出现了首个对成年二语学习者进行的眼动跟踪研究。从此，应用眼动跟踪研究成年二语学习者语言学行为的研究不断增多。该章最后，作者提出了该研究方法的以下 4 个优点：眼动跟踪实验的文本不用分成几段，整体地呈现文本会让读者处于自然的过程；眼动跟踪捕捉到关于实时语言处理的精细细节；眼动跟踪让人们洞察到读者对处理困难的反应；设置时间和其他复杂的在线阅读技术相对速度很快。同时，作者提出了该研究方法的 5 个缺点。

第五章讨论了“视觉世界的眼动追踪法”。作者认为，首个主张使用母语语音和包含有与语音符号有语义联系的事物的视觉领域来研究实时感知和认知过程的研究始于 1994 年，首次使用视觉世界范式的研究来考察第二语言处理的研究始于 1999 年。使用这种方法来研究二语习得之所以有可能，部分原因是相对于其他实验方法来说，视觉世界范式相对处于发展初期。该章最后，作者总结了该方法的 3 个优点：视觉世界典范的一个独特优势是它的高生态效度；相关的好处是视觉世界的范式考虑到听觉理解在一个受控的实验室条件下的检测；用一种方法同时研究理解和产出。同时，作者总结了 3 个缺点。

第六章讨论了“事件关联电位法”。作者认为，自 20 世纪 80 年代，人类的脑电图记录提供了对人类认知和语言处理和学习的丰富信息资源。在这些早期报告发表之后，事件关联电位在多个层面的二语与双语语言处理方面的研究变得越来越普遍。后来，一些研究已经开始使用该方法回答更广泛的涉及语言处理和语言学习，包括第二语言的学习语境如何影响神经反应等问题，二语研究已经开始关注个体差异如何体现在二语理解的神经关联中。该章最后，作者总结了该研究方法的以下 3 个优点：多维度的；非常敏感的；事件相关电位的效果可以用无二次行为的任务进行观察。同时，作者总结了 5 个缺点。

第七章讨论了“核磁共振法”。作者认为，当研究的问题围绕功能性神经解剖学的问题时，核磁共振成像是理想的工具。基于前人的研究，测量人类大脑活动的三篇重要的科研论文的发表提供了一个我们在一个几毫米分辨率的空间观察人类大脑活动的手段——核磁共振成像设备的可能，于是，1992年核磁共振成像诞生了。目前，大多数医院已经使用，一些研究机构和部分高校也利用这种设备从事相关研究。该章最后，作者总结了该研究方法的以下 2 个优点：该方法提供了用其他任何非侵入性技术几乎不可能实现的神经解剖学的精度水平；尽管受到扫描环境的限制，该方法在可用的刺激类型方面是很灵活的，不是所有的学习语言处理的方法都有这种灵活性。同时，作者总结了该研究方法的 3 个缺点。

第八章讨论了“翻译识别任务法”。翻译识别任务是心理语言学中的一个重要方法，常用来研究二语学习者和双语精通者。翻译识别任务是一种在双语和二语习得研究中相对较新的方法，它长期被用于研究二语学习者词汇发展的许多问题，包括二语学习者如何通达二语的意义、词汇和概念的联接会随着学习者二语水平的提高发生怎样的变化等问题。该章最后，作者总结了以下 4 个优点：数据的搜集既经济又有效；数据非常直接，并且任务完成后即刻便可获得；翻译识别任务可以用来研究词汇发展问题；翻译识别任务是全能的，因为他可以用来探究一系列的特定问题。同时，作者提出了该研究方法的 3 个缺点。

第九章讨论了“句子的跨通道启动法”。作者认为，该研究方法利用网上在线的一系列方法探究句法理解。对于二语习得者，句子的跨通道启动还没有像其他在线技术那么深入地得到运用，但是跨通道启动方法可以被用于探究词汇加工和句子加工中的相关问题。作者在该章最后，提出了以下 4 点支持该研究方法的理由：跨通道启动为不受中断的听力刺激过程中的语言激活提供了衡量方法；受试者要求关注句子意思；实验者可以在句子呈现的任何时间点放置探测词；是个非常经济的做法，只需要一台电脑和播放听力的设备。同时，作者提出了 3 点反对该研究方法的理由。

第十章“心理语言学方法”首先对全书进行了总结。其次，作者提出了心理语言学视角下的二语研究领域的未来方向。作者认为，使用心理语言学的方式来研究二语表征和加工仍是康庄大道，因为这个领域试图对本族语的功能达到更深入的理解并探究是否可以达到类似本族语者那种加工/表征。最后一部分主要关注二语心理语言学未来的研究方向——二语习得教学的作用。

《二语心理语言学研究方法》一书有以下特点：

（1）第一本关于第二语言心理语言学研究方法的相关专著。书名《二语心理语言学研究方法》与众不同，突显了一个“新”字，也可以说这是第一本关于“二语心理语言学研究方法”的书。纵观国内外相关研究，以“心理语言学”命名的书、文章和研究生论文不少，但是，到目前为止，笔者还没有见到有学者用“二语心理语言学”这样的术语，即在心理语言学领域，无论是一语研究者还是多语研究者，大家都通用“心理语言学”。该书作者首次采用了“二语心理语言学”，从而再一次强调了“二语”和“心理语言学”的密切关系，并进一步显示，在心理语言学领域，对第二语言的研究正在深入发展，并呈现如火如荼的局面。

（2）结构新。该书共十章，除第一章概论和最后一章总结外，中间八章讨论具体的二语心理语言学研究方法，而这八章的每一章结构都完全统一，规范而又很有创意，可读性极强。第二章至第九章各章正文部分的主要结构包括：History of the method；What is looked at and measured；Issues in the development and presentation of stimuli；Scoring，data analysis，and reporting results；An exemplary study；Pros and cons in using the method。

（3）内容新。该书结合国内外大量的相关材料，从理论到实践的选材力求一个“新”字，该书讨论了新的相关理论，展示了新的实证研究成果，推荐了新的研究方法，介绍了新的相关软件，预示了新的研究方向。特别值得一提的是在该书最后一章的最后一节“未来二语心理语言学研究方向”，作者采用了一个全新的视角，可以说与过去所有心理语言学的相关研究方向都不一样。心理语言学主要研究语言习得、语言产出和语言理解，更多地关注相关的理论研究，很少有人关注心理语言学与外语教学的关系，然而，该书作者在这一节重点指出，未来二语心理语言学的研究方向是“教学的作用”，在教学的作用这个大方向下具体包括三个子方向：习得的测量、注意力和意识以及加工教学。

其对研究方向的预测说明未来二语心理语言学的研究一定要和外语教学结合起来，而不是单纯地为了研究而研究。随着心理语言学研究的深入发展，相关研究成果不断涌现，《二语心理语言学研究方法》一书的出版不仅丰富了心理语言学的研究成果，而且是对二语心理语言学研究的有力推动。

另外，该书除了具有很多优点之外，同样存在不足之处，如主要介绍了二语心理语言学研究的语义启动方法，而听力启动和句法启动的方法所占章节比较少。

第 4 章

心 理 表 征

心理表征是知识在头脑中的存在形式，它是认知心理学和心理语言学研究的范畴。对心理表征进行深入研究有助于全面、正确理解语言和心理的关系以及语言与大脑的关系，有助于进一步理解和解释人们是如何产出和理解语言的。本章重点讨论心理表征的发展、心理表征的模型等相关问题。

4.1 引　　言

心理表征也可称为内部表征，最早开展心理表征研究的是认知心理学界的专家和学者。随着心理语言学的诞生，一些心理语言学领域的专家、学者也加入了研究心理表征的行列。起初的心理语言学主要研究母语的习得、理解和产出及母语心理表征。随着心理语言学研究的发展，人们开始研究双语和多语的习得、理解产出和多语心理表征。

4.2 心理表征的定义

从广义上讲，表征就是所表现的特征（characterization），是指可反复指代某一外部的或想象的事物的任何符号或符号集。但是，在认知科学和心理语言学领域，表征（representation）有特定的含义，表征又称心理表征或知识表征，也可称为认知表征。表征是外部事物在心理活动中的内部再现，是信息在头脑中的呈现方式。因此，它一方面反映客观事物，代表客观事物，另一方面又是心理活动进一步加工的对象。李恒威、王小潞和唐孝威（2008）认为，表征可分为两个阶段：①表征是关于信息的加工、存储和表达的结构，而认知状态和过程就是由某种表征的出现、变换和存储组成的；②表征是关于知识的表征，知识的表征研究知识通过语义在心智中的组织方式、结构和过程。

心理表征是知识在头脑中的存在形式。例如，你对神这一概念进行表征，你头脑中就会有关于神的形象、概念等。Conklin 和 Schmitt （2012：45）认为，词汇表征储存在心理词库之中，其中也包含程式语。根据信息加工的观点，当有机体对外界信息进行加工（输入、编码、转换、存储和提取等）时，这些信息是以表征的形式在头脑中出现的。表征有不同的方式，可以是具体形象的，也可以是语词的或要领的。“心理表征是心理或脑活动的一种假象模式，它可以表征世界、个人的部分特征，或表征人与世界之间的相互作用”（Solso，O. H. Maclin & M. K. Maclin，2010）。心理表征的形式包括符号表征（如神的概念）、形象表征（如想象中神的形象）和动作表征（如做广播操）。心理表征以现实表征为基础，是现实表征在人脑中的内化。Taylor（2013）将语言的心理表征方式比作内化在头脑中的一个语料库（唐革亮、杨忠，2013）。“心理学家认为人类至少有四种类型的表征形式，包括认知地图、心像、图式和心理语言”（李荣宝，2002：31）。因此，可以说心理词汇是词汇知识存贮于大脑的心理表征的一种形式。心理表征是用于解释认知过程的一个重要概念。“所谓认知，从心理学的角度讲，就是环境和人的大脑的交互过程。换句话说，就是环境作用于人，人又同时作用于环境。”（董艳萍、赵晨，2010）心理表征又称知识表征，桂诗春（1991：116）认为，“知识表征指的是知识的心理模型，即知识怎样储存在记忆里面。”

那些具有形象性特征的表征也称表象、心象（mental imagery）或意象（image），它只是表征的一种重要形式。Solso，O. H. Maclin & M. K. Maclin（2010）把知识表征分为“知识的言语表征”和“知识的视角表征”，并在其著作《认知心理学》（*Cognitive Psychology*）第九章和第十章两章里进行了详细讨论，这里的视角表征就是表象。视角信息以内部“图片”的形式进行编码，只要想起这些图片就能激活信息，就像看相册一样。还可以说，一些信息以视角的形式储存，另一些以抽象形式储存，也就是信息存在多重编码。当你想象一棵树的时候，树的概念和它的特征一起在大脑中表征。

4.3　心理表征研究的发展

“心理学家把长期记忆中的词汇表征称为内部词汇”（Carroll，2008：103）。这里的内部词汇就是心理词汇，心理词汇是词汇知识存贮于大脑的心理表征的一种形式。由于心理词汇是心理表征的最主要方式，所以，当我们讨论心理表征的时候，一定要讨论心理词汇。这就是本节为什么在很多地方都用了心理词汇的原因。

知识来源于哪里，在意识中如何被表征？这个永恒的话题在人类出现时就存在了。18 世纪，英国的 Geoge Berkeley、David Hume、James Mill 和 John Stuart Mill 提出内部表征有 3 种类型：①直接的感觉事件（存在即是被感知，或知觉就是现实）；②衰减的知觉摹本或储存在记忆中的摹本；③衰减摹本的转化雷同于联想思维过程（Solso，O. H. Maclin & M. K. Maclin，2010）。

19 世纪，一些早期的语言研究者抓住中心链接模式进行研究，Henry Charlton Bastian 在 1869 年就把语言模式化为颞叶的听觉词汇中心、顶叶的视觉词汇中心、大脑额叶的舌动觉和手动觉的词汇中心（Whitaker，2006）。德国心理学家 Hermann Ebbinghaus 是全世界最早采用实证研究方法研究记忆的专家，Ebbinghaus 于 1885 年在文字记忆研究中首次使用无意义词汇，他指出了当时心理词汇研究的两个问题：①心理过程的反复无常不能确保稳定的实验条件；②心理过程无法测量和计算（Ebbinghaus 1885/1913，第 9 节，载于 Whitaker，2006）。Bastian（Bastian，1898，载于 Whitaker，2006）认为，中心的概念更多的是一种指向过程的便捷方式，而不是一个必然的事实，在思维过程中大脑活动并不局限于狭隘的局部中心，它在皮层的各个部位有广泛的活动区域。Bastian 和 Ebbinghaus 赞赏了当时心理词汇的确立，当时词汇多个语言学维度的心理学关联研究已经在儿童和成人、单语和双语及正常和受损大脑中开展（Whitaker，2006）。

20 世纪以后，越来越多的学者加入到心理词汇研究的行列，相关研究成果层出不穷。蔡金亭（2006）认为，心理词汇引起人们的关注至少从 19 世纪开始，但一般认为真正提出心理词汇雏形的应该是 Anne Treisman。Treisman（1964）认为，注意可分为两个阶段：分散注意和集中注意。分散注意是相对低层次的加工，基本等同于 Schneider 和 Shiffrin（1977）所提出的自动加工，集中注意粗略地等同于 Schneider 和 Shiffrin 所提出的控制加工。Treisman（1964）的衰退模式强调：信息是大量输入的，这与早期选择模式一致；同时，加工过程是“衰减”式的；过滤器的位置有两个，一为语义分析之前的外周过滤器，一为语义分析之后的中枢过滤器。这里强调了中枢过滤器的作用，因而又被称为中期选择模式。这一阶段发表和出版了一批相关的论文和专著，相关研究成果的数量不断增多，越来越多的学术杂志发表了相关的高质量论文。全世界唯一一份以《心理词汇》（*The Mental Lexicon*）命名的杂志于 2006 年由 John Benjamins 出版社首创，除 2006 年出版两期外，之后每年 3 期，该杂志覆盖下列内容：心理词汇表征模式、词汇通达和产出的计算模式、词汇加工的实验研究、词汇损伤的神经语言学研究、大脑中的功能神经表象和词汇表征、人生中词汇的发展、二语习得中的词汇加工、双语心理词汇、跨语言的词汇和形态音系结构、词汇结构的形式模式、词汇的语料库研究、新的心理词汇研究实验法和统计法。2006—2013 年该杂志共发表 141 篇文章。另外，国外前期的大多数相关研究者关注单语心理词汇的研究，后来出现了一些关于双语心理词汇的研究成果。例如，Harris（1992）的 *Cognitive Processing in Bilinguals*、Schreuder 和 Weltens（1993）的 *The Bilingual*

Lexicon、De Groot 和 Kroll（1997）的 *Tutorials in Bilingualism: Psycholinguistics Perspectives*、Kroll 和 De Groot（2005）的 *Handbook of Blingualism: Psycholinguistic Approaches*、Singleton（2006）的 *Exploring the Second Language Mental Lexicon*、Kormos（2006）的 *Speech Production and Second Language Acquisition*、Lengyel 和 Navracsics（2007）的 *Second Language Lexical Processes: Applied linguistic and Psycholinguistic Perspectives*、Pavlenko（2009）的 *The Bilingual Mental Lexicon* 和 Bialystok 等（2013）的 *The Psycholiguitics of Bilingualism*，等等。心理词汇的研究方法在传统研究的基础上不断创新，Jegerski 和 VanPatten（2014）讨论了 8 种主要的外语心理语言学研究方法：自定步速阅读、自定步速听力、文本眼动追踪、视觉世界眼动跟踪、事件相关电位、核磁共振、翻译识别任务和句子跨模式启动，这些方法主要用来研究心理词汇。

在我国，关于心理表征的研究最早是在汉语界认知心理学和心理语言学领域开展的。在外语界开展心理表征研究最早、相关专著最多的应该是我国著名外语教育家桂诗春教授，他于 1985 年出版了我国外语界第一本《心理语言学》专著，其中讨论了心理表征和心理词汇。此后，桂诗春教授又于 1991 年出版了《实验心理语言学纲要》，于 2000 年出版了《新编心理语言学》，于 2011 年出版了《什么是心理语言学》，并发表了一批相关的文章。国内关于心理词汇和心理表征的研究起步较晚，笔者在“中国知网”上以“心理词汇”“心理词库”“心理词典”“内部词汇”“内部词典”“内部词库”“心理表征”为检索词进行检索，发现了一些相关的研究成果（见表 4.1）。国内外语界较早一批关于心理表征和心理词汇研究的文章有《心理表征与外语教学》（张辉，1995）、《双语心理词典的共享（分布式）非对称模式》（董燕萍，1998）、《心理词典中不同表征间的激活扩散》（毕彦超等，1998）和《自然语言的心理表征与词典释义》（章宜华，1998）等。

表 4.1　国内关于心理词汇的相关文章（1991—2013 年）（单位：篇）

年份	核心期刊（70 篇）	非核心期刊（114 篇）	小计
1991—2000	5	6	11
2001—2005	16	10	26
2006—2010	23	16	39
2011—2012	10	57	67
2013	16	25	41

表 4.1 显示心理词汇的研究呈上升势头，1991—2000 年只有 11 篇相关论文，而 2013 年 1 年中就有 41 篇。近些年来，在国内外语界出现了一些关于多语心理词汇研究的文章。例如，董燕萍（1998）、董燕萍和桂诗春（2002）、李荣宝和彭聆龄（2002）、张淑静（2005）、戴炜栋和王宇红（2008）、贾冠杰（2008）、张萍（2010）、陈士法等（2011）、常秦和田建国（2012）、赵翠莲（2012）、李更春和贾冠杰（2013）、范琳和李绍山（2013）、刘绍龙、操维维和王柳琪（2013）等。外语界出版了一些相关的专著。例如，张淑静（2004）的《中国英语学习者心理词汇》、董燕萍（2005）的《心理语言学与外语教学》、赵翠莲（2006）的《多义词心理表征的发展模式》、李红（2007）的《双语心理词汇与英语学习实证研究》、韩忠谦（2008）的《心理词汇语用研究》、张萍（2009）的《中国英语学习者心理词汇联想模式研究》、乔晓妹（2014）的《新词的词汇化过程及其心理表征》，等等。还有少量的国家社会科学项目重点研究心理词汇。例如，在 1993—2014 年国家社会科学项目目录里输入“心理词汇”“心理词典”“心理词库”和“心理表征”，结果显示只有 4 项：张萍的“中国学生英汉语心理词库构建模式对比研究”（2009）、贾冠杰的“英汉程式语心理表征模式对比研究”（2012）、乔晓妹的“汉英双语者新学词汇心理表征的 ERP 研究”（2014）和陈士法的“英汉心理词典中语码转换认知机制的 ERP 研究”（2014）。少量的博士论文也对心理词汇进行了研究。例如，韩仲谦（2008）《心理词汇的语用研究及其对二语词汇教学的意

义》、李更春（2011）《中国英语学习者程式语心理表征模式研究—以词束研究为例》和王云（2013）《中国学习者英语心理动词语义组织和语义表征研究》等。以上研究极大地丰富了心理词汇表征的研究成果，也为未来研究奠定了良好的基础。王柳琪和刘绍龙（2013：65）认为，“国内外学者涉及双语词汇的相关研究表现为两种类型：一种是关于双语词汇表征模型的研究，另一种是关于双语词汇通达或提取机制的认知研究”。下一节（4.4）重点讨论不同的心理词汇表征模型。曹宇、文秋芳和张钫炜（2016）对中国英语学习者英语程式语表征方式进行了研究，结果发现随着二语水平的提高，中国英语学习者英语程式语的表征方式逐步由分析性向整体性发展。王云和刘新芳（2018）对汉英心理动词程式语语音表征进行了研究，实验结果表明，汉英语内语音表征呈现“整体通达”的特点，语间语音表征在加工效率和启动效应方面存在差异，一语加工效率显著高于二语，但启动效应相对弱于二语。

4.4 心理表征模型

在讨论心理词汇模型时要涉及两个很重要的术语：“lemma”和“lexeme”，二者有什么区别呢？Garrett （1975）首次提出词语的句法和词素音位范式是在人脑中分别存储的，Kempen 和 Huijbers （1983）、Kempen 和 Hoenkamp（1987）将 Garrett 的观点发展为对词注和词位的区分（载于 Jarvis，2009）。对“lemma”术语有多种不同的翻译，如“词性”（桂诗春，2000：551）、“词注”（董燕萍、赵晨，2010）、“词目”（蔡金亭，2006）等，本章采用“词注”这一术语。词汇知识由词注（lemma）和词位（lexeme）两部分组成，词注包含语义和语法；词位包含形态、语音和拼写等（Carroll，2008：427）。词位指语言意义系统中能区别于其他类似单位的最小单位，词位是一种抽象单位，在实际的口头或书面句子中，它能以各种不同的形式出现，即使经过屈折变化，也仍被视为属于同一词位，如 gives、given、giving 和 gave 都属于一个词位 give。同样，像 bury the hatchet、give up 和 white paper 这些表达法，每个都算是一个词位（Richards，J. Platt & H. Platt，2000）。

心理词汇表征模型也可以称为心理词汇组织模型。关于心理词汇组织的模型很多，但是，“语义网络目前被一致认为是这个方面最理想的模型”（桂诗春、董燕萍，2008：xix）。因此，本节重点讨论心理词汇的语义组织，心理词汇的语义组织模型可分为“分层网络”“特征比较网络”和“激活扩散网络”3 大类（桂诗春，2000），也可分为“层次网络模式”和“扩散激活模型”两大类（Carroll，2008），还可分为“联想主义学派”（associationist approach）和“知识的语义组织”两大类（Solso，M. K. Maclin & O. H. Maclin，2010）。根据以上三种分类，我们可以把心理词汇语义组织分为两大类：联想主义学派和认知学派。联想主义学派关注概念间的功能性联系，强调通过研究自由回忆的形式来考察语义组织；认知学派则致力于描述意义和记忆间关系的心理结构，建构出全面的记忆理论。Solso，M. K. Maclin 和 O. H. Maclin（2010）指出，现在语义记忆的研究方法已经从联想观转向了认知观。笔者在这里不讨论联想主义模式，仅讨论认知模式（见表 4.2）。

表 4.2　心理词汇组织的认知模式

研究者及年份	认知模式的类型				
	1	2	3	4	5
Carroll（2008）	分层网络模型	扩散激活模型			
桂诗春（2000）	分层网络	激活扩散网络	特征比较网络		
Solso et al.（2010）	语义网络模型	扩散激活模型	语义特征比较模型	集合–理论模型	命题网络

表 4.2 显示，心理词汇组织模式共有 5 类，在第 1 类和第 2 类里，有 3 位专家用不同的术语讨论了相同的内容，在第 3 类里，有两位专家用了不同的术语，但讨论内容是一样的。为了讨论方便，这里用统一的术语：分层网络模型、扩散激活网络模型、语义特征比较模型、集合–理论模型和命题网络。

1）分层网络模型

桂诗春（2000：330）认为，“第一个语义表征的认知模型是 Collins 和 Quillian（1969，1970）提出来的分层网络（hierarchical network）”。Collins 和 Quillian（1969，1970，见桂诗春，2011）指出，语义网络是分层的，像金字塔那样，在金字塔的顶部是一些覆盖面较广的、上层的概念，如“动物”，居中的是基本层面范畴，如“鸟”“鱼”等，在底部则是更为具体的下属概念，如“金丝鸟”“鸵鸟”和“鲨鱼”等。该模型还进一步假设可以从目标概念和相关概念的关系验证角度来理解记忆提取，在记忆提取过程中，网络结构内的移动操作需要花费时间（见图 4.1）。

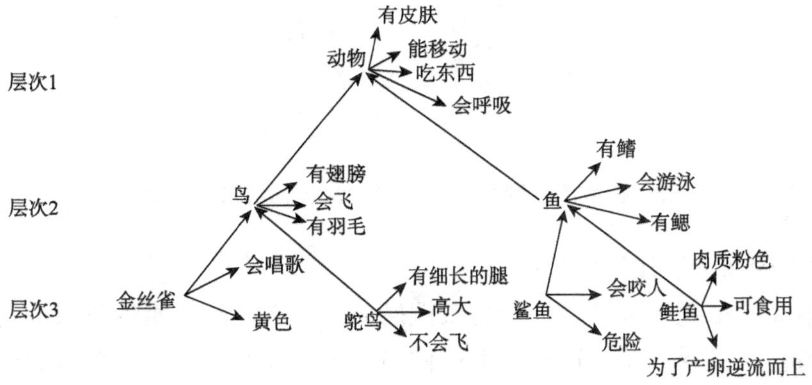

图 4.1　分层网络模型（载 Anderson，2012：143）

2）扩散激活网络模型

扩散激活网络模型认为，概念空间是由大量简单联系（如“红色”与“火”）相互连结而组成的一个复杂网络。在这个网络中，特定的记忆分布在概念空间里，并与其他与之有关的概念联结在一起。桂诗春（2011）认为，该模型的最大特点就是激活扩散，它有点像一个大电网：“电流”会扩散到连接的概念，越往前扩散，能量就越弱，被激活的可能性就越低，但是这些概念始终都保留在语义网络中，如 Collins 和 Loftus（1975）的扩散激活网络模型（见图 4.2）。

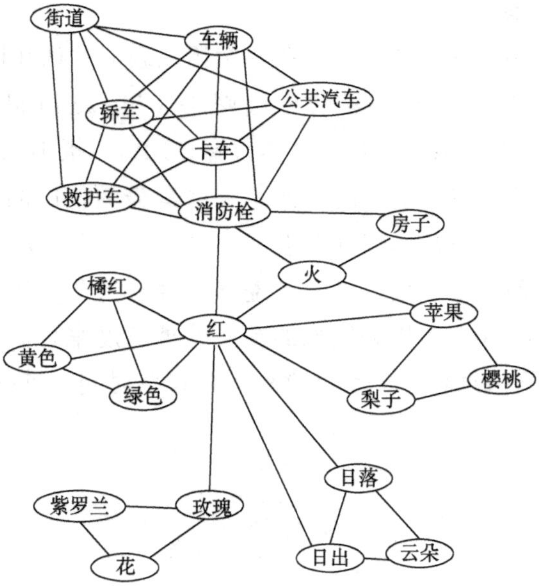

图 4.2　扩散激活网络模型（载于 Solso 等，2008：243）

3）语义特征比较模型

语义特征比较模型进一步将属性区分成定义性的本质特征和个别性的描述特征。概念的验证可能更多地依赖于定义性的特征。该模型的典型代表是 Smith、Shoben 和 Rips（1974）和 Rosch（1977）的研究。该模型可以较好地解释被试在判断诸如“鸭子是不是鸟”时产生的迟疑或错误。（邵志芳，2010）语义特征比较模型不同于分层网络模型（见图 4.3）。

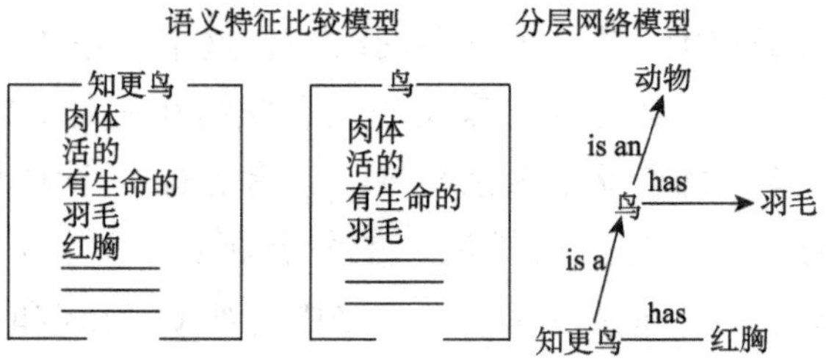

图 4.3　语义特征比较模型和分层网络模型对比图（桂诗春，2000：334）

4）集合-理论模型

集合-理论模型强调，概念是由大量信息集合组织而成的，这些集合意味着两方面的信息：事物的类别与属性（如“鸟”这个类别可能包括知更鸟和老鹰等样例；同时，鸟具有翅膀、羽毛和会飞行等属性）。在这个模式里，记忆是由大量的属性集合或者说事件、属性及由每个词汇实体所表征的联系的集合所组成。

5）命题网络

命题网络（propositional networks）模型或命题状态下的语义知识表征模型强调用简单的概念关联来解释复杂的思想内容。命题是可以作为独立主张的最小知识单元，即命题是能够从意义上判断出是真是假的最小单元（Anderson，2012）。命题是具有意义的最小单元，人们有时会发现用网络形式表征的命题，Anderson（2012）举例说明了命题网络的例子，它对下面的句子“残酷战争时期的美国总统林肯解放了奴隶们”进行了命题（见图 4.4）。

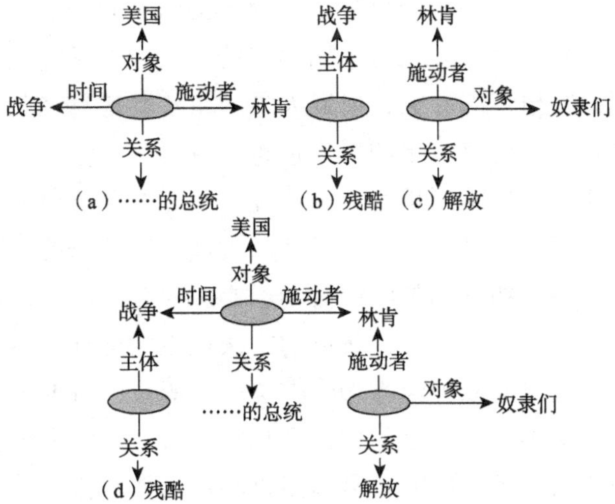

图4.4　“残酷战争时期的美国总统林肯解放了奴隶们”的命题网络表征（Anderson，2012：137）

在图 4.4 的命题网络中椭圆形表示不同的命题，它通过箭头与关系和项相连接。这些命题、关系和项被称为网络的节点（node），而箭头被称为连接（link），因为它把节点连了起来。将节点当作概念，将节点之间的连接当作概念之间的关联是非常有帮助的（Anderson，2012：136-137）。

4.5 小　结

随着研究的不断深入，心理词汇表征的研究引起了越来越多学者的重视，更多不同的心理词汇模型相继问世，本章仅仅讨论了其中的一部分。从以上讨论的模型来看，它们之间存在着很大的不同，为什么会有如此大的差异呢？因为心理词汇是个无法直观的黑匣子，只能通过实证研究的形式对其进行内在的分析与研究。人们从不同的视角开展对心理词汇的研究，从而构建了多种类型。虽然模型各异，但每一种心理词汇模型都有一定的说服力，因为每一种模型反映了心理表征的不同侧面。从相关的研究成果来看，国内外越来越多来自不同领域的专家学者正在关注和研究心理词汇表征，研究队伍不断壮大，研究人员的年龄更趋年轻化；相关研究成果的数量越来越多，研究成果的质量也越来越高，近年来更是出现了突飞猛进的势头；研究领域不断扩大，由传统、单一的母语研究发展为既有对母语心理词汇的研究，又有对双语或多语心理词汇的研究；研究的视角也从传统的认知心理学拓展为神经语言学、心理语言学、二语心理语言学、生物心理学和认知神经科学等；研究的方法也不断增加，由单一的行为性研究发展为行为性研究和神经生理学方法研究等。已有的相关研究为今后的心理表征研究提供了可参考的依据和素材。心理词汇表征研究与外语教学有着十分密切的关系，研究单语和多语心理表征对搞好外语教学有着重要的启示作用。因此，随着本领域研究的深入发展，多语心理词汇的研究对外语教育的积极作用将会得到越来越多学者的认可。我们期待着心理词汇的研究走得更远。

第 5 章

心理词汇

心理词汇是研究词汇是怎样储存在记忆里和怎样被提取的。随着心理语言学研究的进一步深入，心理词汇研究引起了国内外众多学者的关注。开展对这个无法直观的黑匣子的研究是一个十分复杂的系统工程，因此开展心理词汇研究相对比较困难。本章从多个视角对心理词汇研究的相关问题进行了综合分析讨论，重点讨论了心理词汇的 3 种不同模式：心理词汇的组织模式、通达模式和语言的产出模式，并提出了心理词汇研究存在的问题和心理词汇今后发展的方向。这将有助于揭示心理词汇的本质和全面理解语言的习得、理解和产出。本章重点讨论心理词汇研究的发展、心理词汇模式以及存在的问题和今后研究的方向。

5.1 引　　言

“心理词汇”（mental lexicon）又叫“内部词汇”（internal lexicon）、“内部词典”（internal dictionary）、“心理词库”、“心理词典”等。心理词汇是研究词汇是怎样储存在记忆里和怎样被提取的（桂诗春，2000：250）。“心理学家把长期记忆中的词汇表征称为内部词汇”（Carroll，2008：103）。Turvey 和 Moreno（2006）在一篇题为“Physical Metaphors for the Mental Lexicon”的文章里把心理词汇比喻为具体的词典、自我组织和自我调节系统、固有的不能预测的词库、兼容的词汇总量、刺激物的总和、自组织临界性模式。由于心理词汇是个无法直观的黑匣子，开展对心理词汇的深入研究可以在一定程度上揭示心理词汇的本质，有助于人们更好地理解人是如何习得、理解和产出语言的。本章在简单分析心理词汇研究的发展之后，重点讨论心理词汇模式以及存在的问题和今后研究的方向。

5.2 心理词汇研究的发展

早在 18 世纪，英国的 Geoge Berkeley、David Hume、James Mill 和 John Stuart Mill 提出了心理表征的 3 种类型：直接的感觉事件（英语术语）、衰减的知觉摹本和储存在记忆中的摹本，这些衰减摹本的转化就像联想思维过程（Solso，O. H. Maclin & M. K. Maclin，2010）。Whitaker（2006）在“词汇在心理中，词汇在大脑中”（*Words in the Mind, Words in the Brain*）一文中指出，Henry Charlton Bastian 于 1869 年提出了大脑中三类不同的词汇中心（说明：这里证明了 Whitaker 说的“Words in the Brain”）；Ebbinghaus 于 1885 年提出了当时心理词汇研究的两个问题（说明：这里证明了 Whitaker 说的“Words in the Mind”）。Bastian 和 Ebbinghaus 赞赏了当时对心理词汇的确立，当时词汇多个语言学维度的心理学关联研究已经在儿童和成人、单语和双语以及正常和受损大脑中开展（Whitaker，2006）。20 世纪以后，越来越多的学者加入到心理词汇研究的行列，全世界唯一一份以“心理词汇”（*The Mental Lexicon*）命名的杂志于 2006 年由 John Benjamins 出版社首创。国外前期的大多数相关研究者关注单语心理词汇的研究，后来，出现了一些关于双语和多语心理词汇的文献。心理词汇的研究方法在传统研究的基础上不断创新，Jegerski 和 VanPatten（2014）讨论了 8 种主要的外语心理语言学研究方法。

在我国，关于心理词汇的研究最早是在汉语界认知心理学和心理语言学领域开展。在外语界开展心理词汇研究最早、相关专著最多的应该是我国著名外语教育家桂诗春教授，他于 1985 年出版了我国外国界第一本心理语言学专著《心理语言学》，其中讨论了心理词汇，1991年出版了《实验心理语言学纲要》，2000年出版了《新编心理语言学》，2011年又出版了《什么是心理语言学》，并发表了一批相关的文章。通过中国知网，对“心理词汇”“心理表征”等相关术语进行检索，结果显示：1991—2013年国内关于心理词汇的相关文章有184篇，其中核心期刊文章70篇，非核心期刊文章114篇，1991—2010年发表76篇，2011—2013共108篇。这些数据显示，心理词汇的研究呈上升趋势，1991—2000年只有11篇相关论文，而2013年就有41篇。国内外语界较早一批关于心理表征和心理词汇研究的文章有：《心理表征与外语教学》（张辉，1995）、《双语心理词典的共享（分布式）非对称模式》（董燕萍，1998年），《自然语言的心理表征与词典释义》（章宜华，1998）等。同时，在国内外语界出现了一些关于多语心理词汇研究的相关专著，如张淑静（2004）《中国英语学习者心理词汇》、董燕萍（2005）《心理语言学与外语教学》、赵翠莲（2006）《多义词心理表征的发展模式》、李红（2007）《双语心理词汇与英语学习实证研究》、张萍（2009）《中国英语学习者心理词汇联想模式研究》、乔晓妹（2014）《新词的词汇化过程及其心理表征》，等等。还有少量的国家社科项目，如张萍的“中国学生英汉语心理词库构建模式对比研究”（2009），贾冠杰的“英汉程式语心理表征模式对比研究”（2012），乔晓妹“汉英双语者新学词汇心理表征的ERP研究”（2014），陈士法“英汉心理词典中语码转换认知机制的ERP研究”（2014）等。至今，越来越多的学者加入到心理词汇研究的行列，相关研究的数量不断增加，相关研究成果的质量也不断提高。张萍（2016）对中国英语学习者心理词汇语义加工中的同译效应进行了认真研究，研究结果显示：二语学习者在判断母语-二语语义同译—异译词对的反应时上有显著差异；不同词类在同译—异译组上的反应时有差异，但同译效应未因词类不同而消减等。李小撒和王文宇（2016）对英汉心理词汇联想模式及具体性效应进行详细的对比研究，研究结果表明：英语本族语者联想模式以纵聚合联系为主导，而汉语本族语者以横组合联系为主导等。戴俊红（2018）对二语心理词汇表征对英语词汇教学的启示进行了研究，研究结果表明，利用高频词建立语义网络、合理利用母语避免负迁移等词汇教学方法，可以提高学生的学习效率，促进二语词汇习得。

5.3 心理词汇模式

5.3.1 心理词汇的组织模式

心理词汇的组织模式又可称为心理词汇的表征模式。英国心理学家 Francis Galton 于 1879 年首次使用词汇联想测试研究了心理词汇的组织结构，Kent 和 Rosanoff 于 1910 年、Woodrow 和 Lowell 于 1916 年、O'Conner 于 1928 年、Schellenberg 于 1930 年运用词汇联想测试编写了词汇联想常模表（见 Schmitt，1998：390）。早期心理词汇研究的学者仅仅关注母语心理词汇的研究，后来，更多的学者关注二语和多语心理词汇研究。Singleton（2006）认为，双语心理词汇研究者主要关注"二语心理词汇是否比一语心理词汇包含更多的形式内容"和"双语心理词汇之间是否存在联系"两个问题。多语心理词汇模式研究从 20 世纪中期开始至今，已经引起了众多学者的关注，多种相关研究模式不断出现，如"Weinreich（1953）首先提出双语词汇知识的 3 种组织结构"（董燕萍，1998），这 3 种双语组织结构分别是并列型、复合型和从属型（见图 5.1）。Ervin 和 Osgood（1954）对 Weinreich 的三分法做了修正，将双语心理词汇类型缩减为并列型和合成型 2 种，并认为两者的差异和双语者的二语习得环境有关。此外还有双语词汇记忆的独立存储模式（Kolers，1963；De Groot & Nas，1991），概念调节模式（concept mediation）和词汇连接模式（Potter et al.，1984），双编码模式（Paivio，1991），分布型模式（De Groot，1992），混合型和非对称模式以及修正等级模式（Kroll & Stewart，1994），词汇/概念特征分布模式（Kroll & De Groot，1997），IC 模式（Green，1998），共享分布式非对称模式（董燕萍，1998），BIA+模式（Dijkstra & Van Heuven，1998），三语相互激活模式（Dijkstra & van Hell，

2003），多语心理词汇动态模式（De Bot，Lowie & Verspoor，2005），该模式包括 3 种词汇表征的具体类型，即空间隐喻模式（spatial-metaphor-based model）、连接主义模式（connectionist model）和激活隐喻模式（activation-metaphor-based model）。贾冠杰（2008）在前人研究基础上提出了分离模式（separation model）和共享模式（integration model）两大类心理词汇模式。付玉萍（2009）研究表明：随着更多生词被学得、熟悉并进一步融合，二语学习者的心理词汇从语音向语义稳步发展，但也有从语义倒退回语音的现象，因为语言接触的缺乏导致了词汇的遗忘。Carroll（2008）从语义网络概念的角度总结了两类心理词汇的组织模式：层级网络模式（hierarchical network model）和扩散激活模式（spreading activation model）。双语心理词汇组织模式很多，本节主要讨论其中几种典型的模式。

Weinreich 模式。在双语心理词汇领域，Weinreich（1953）最早提出了 3 种双语心理词汇的组织模式：并列型、复合型和从属型。在并列型心理词汇中，母语词汇的概念表征和二语词汇的概念表征相互独立存储，每种语言的每个单词有独立的概念，即 2 种语言有各自的概念系统；在复合型心理词汇中，母语和二语的翻译等值词共享一个概念表征，二语词汇和概念直接相联；而在从属型心理词汇中，只存在一个概念表征，第一语言词库中的词语与概念表达有着直接的联系，第二语言词汇和概念无直接联系，二语词汇只有通过母语词汇和概念发生间接联系。De Bot 等（2005）认为，早期的模式主要以空间隐喻为基础，空间隐喻理论认为，部分或全部词汇分离存储。在多语言大脑中，信息存储方式多样性研究最早且被引用最多的是 Weinreich（1953）模式，Weinreich 模式属于分离模式，“分离模式”又可称为“空间模式”或“空间隐喻型模式”。

De Bot 模式。早期模式主要以空间隐喻为基础，全部或部分词汇存储于分离的空间，而近期模式则主要以由网络组成的连通主义为基础，在该模式中，每项词条可能与其他某项或多项词条相联系，与笔者所了解的神经网络相似。几乎当今的所有模式都以此理论为基础，并与激活隐喻相联系。激活可由某些活动（如偶然看见某个词汇）而增强，也会随时间变化而减弱。图 5.1 以图形的方式说明了 3 种隐喻：空间隐喻、连通主义隐喻及激活隐喻。

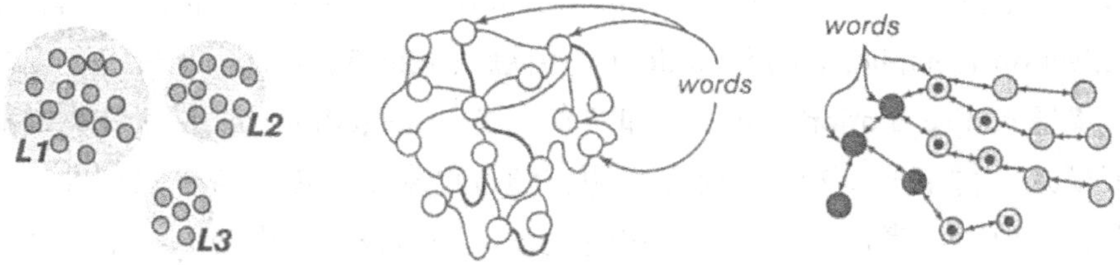

图 5.1 分离模式、连通模式、网络激活扩散模式（De Bot，Lowie & Verspoor，2005：53）

Kroll 模式。Kroll 和 Stewart（1994）认为，母语词汇和二语词汇分离存储，母语词汇和概念直接联系，二语词汇最初通过母语翻译等值词和概念发生联系；随着二语水平的提高，二语词汇和概念之间的直接联系逐渐建立，但联系的强度较小。二语词汇到母语词汇的词汇联系较强，对母语词汇的激活水平也较高；反之母语词汇到二语词汇的词汇联系较弱，激活水平较低，这是因为学习者最初建立的词汇联系是二语到母语的。本模式界定了双语记忆表征中双语不对称现象的原因，揭示了二语习得初期母语迁移发生的心理机制，即二语词汇的概念表征对母语词汇形式的依赖（戴炜栋、王宇红，2008）。Kroll 和 Stewart（1994）提出和证明了“修正层级模式”（Revised Hierarchical Model，RHM）支持了分离模式的观点，并认为不同语言的词库是各自独立储存的，但与分离模式有所不同。这个模式阐述了概念、第一语言词库和第二语言词库之间的关系（贾冠杰，2008）。修正层级模式反映了语际联结研究中两个重要发现：对于图片命名来说从第一语言翻译到第二语言比直接用第二语言要快得多；从第二语言翻译到第一语言比从第一语言翻译到第二语言快得多，对初学者尤其如此。Pavlenko（2009）认为，修正层级模式的优势就是能描述第二语言和第一语言词汇形式与词汇概念之间关系的发展变化。遗憾的是，这种重复联结只是反映了概念对等的情况，概念储存所具有的同一稳定的性质并不适合部分和完全的非对等情况，而且在将词映射到所指时，我们也不能区分目标和非目标行为。

Pavlenko 模式。Hummel（2014：239）指出，Pavlenko（2009）的"改进层次模式"（Modified Hierarchical Model，MHM）尽力避免 Kroll 和 Steward（1994）的"修正层次模式"的不足，提出了自己不同的观点。Pavlenko（2009）在分析讨论了 Kroll 和 Steward（1994）的 MHM 模式、De Groot（1992，1993）的分布式特征模式（Distributed Feature Model，DFM）和 Dong、Gui 和 MacWhinney（2005）的共享非对称模式（Shared Asymmetrical Model，SAM）3 种模式之后指出，MHM 模式是基于 Kroll 和 Steward 的 RHM 模式建立起来的，在修正层级模式的基础上，MHM 模式保留了以上 3 种模式的优势，改进层次模式保留了二语学习中从词汇调节到概念调节的发展变化，还保留了分布式特征模式和共享非对称模式所固有的共有和部分共有表征的观点。但是，MHM 模式在三个方面（概念存储的组织、概念的迁移和作为概念重构的二语学习）区别于其他模式，Pavlenko（2009）对其进行了以下比较详细的讨论：①概念储存的组织性。改进层次模式第一个显著特点就是概念储存的组织性。尽管 RHM 模式认为概念储存具有统一性，但是在 MHM 模式中，概念表征或许完全共有，或部分重合，或具有完全的语言特定性：图 5.2 中第一语言和第二语言范畴代表了概念的非对等性和部分对等的语言的特殊性。意识到特定语言的词汇概念，使 MHM 模式区别于分布式特征模式和共享非对称模式。②概念迁移。MHM 模式的第二个显著特点是意识到概念迁移的现象，反过来，在区分语义表征和概念水平表征时也预测到这一点。这里的语义表征主要是指隐性知识：词与概念之间的映射，决定多少概念和哪些特定的概念由一个特定词通过一词多义或隐喻扩展表达。词与词之间的联结，解释词的搭配、联想、同义与反义的现象。这种观点将语义定位在词与概念及词与词之间的水平上，这可以使研究者区分联结层面（语义迁移）上的错误和概念范畴（概念迁移）结构上的错误。③二语学习作为概念重组。MHM 模式最重要的区别性特征就是重组，也就是将二语学习镶嵌在模式中。尽管 RHM 模式认为二语词汇学习的目标就是培养二语词汇与概念的直接联结，但 MHM 模式认为二语学习的主要目标就是概念重组和培养目标化的语言学范畴。这种学习被认为是一种渐进过程，发生在隐性记忆中。这种对隐性知识与记忆和显性知识与记忆的区分在二语习得和双语研究中已广为接受，但是还没有融入双语词汇的模式之中。然而，这一区分确实非常重要，因为在课堂上学习二语或另一种语言，显性知识对初级和中级学习者言语行为起着重大作用。在外语课堂活动中，需要充分的时间从显性记忆中提取信息。相反，在自发的交际过程中，行为是受时间限制的。这些研究结果表明专注于概念表征和过程的研究者不能混淆显性表征和隐性表征，要运用不同的任务揭示隐性的概念知识。因此，MHM 模式的解释优越于 RHM 模式。

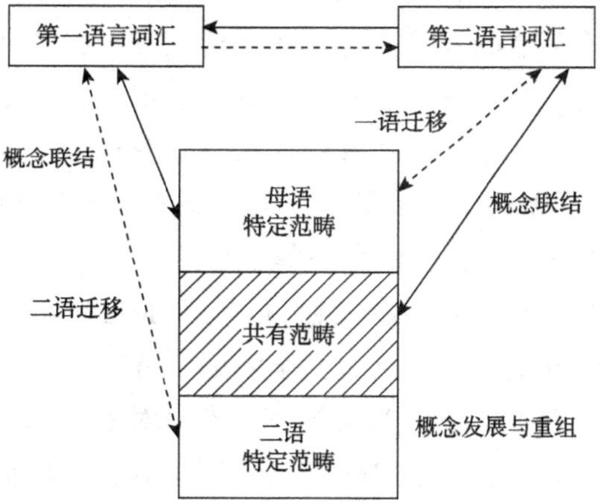

图 5.2　改进层次模式（Pavlenko，2009：147）

5.3.2　心理词汇的通达模式

词汇通达（lexical access）过程即词汇化过程，将思维转换成词汇表达，有时还要进一步转换为声音，在语言产出、理解和习得过程中都要涉及词汇通达。心理词汇的通达模式还可以称为心理词汇提取模式，桂诗春（2000）用了“词汇提取模式”的术语。桂诗春和董燕萍（2008）指出，

“词汇提取指我们激活词汇知识的过程。”这里“词汇提取”就是原文的“lexical access”。当我们在心理词典中找到一个要找的词的时候，与这个词相关的属性就都可以被利用，这些属性包括词的意义、拼写、发音、与其他词的关系以及有关信息。激活这些属性的过程叫作词汇通达（Carroll，2008：103）。词汇通达和词汇辨认是语言理解研究两个基础概念。董燕萍和赵晨（2010）认为，词汇通达指的是从心理词库中搜索词汇信息的过程。词汇信息一般包括拼写、语音和语义等特征。词汇辨认是指根据输入的字母串（视觉或者听觉）搜索上述词汇特征的过程。

大量的实验证据表明词汇通达过程包括了两个阶段。第一阶段是语义激活和特定词汇选择。第二阶段是音韵编码，词条水平的激活进一步扩散到特定词汇的音韵表征上。Carroll（2008）总结了三类词汇通达模式：搜索模式、词汇发生模式和交股模式。桂诗春（2000：284-298）总结了两种模式：①串行搜索模式；②并行提取模式，包括词汇发生模式、连接主义模式和交股模式。下面就这几种模式进行分析讨论。

搜索模式（Search Model）主要是指 Forster（1976，1979）通过实证研究建立起来的模式。该模式是一个两级的模式，就像一个人已经知道一本书在图书馆的哪一部分，他仍然需要找出书放在哪一个书架上面。该模式设有一个主档，这个主档由许多储存单位，最常用的条目放在最上面，因此，高频词提取速度比低频词快，可以说搜索模式可以解释频率效应（桂诗春，2000）。该模式同属于桂诗春提出的串行搜索模式。

词汇发生模式（Logogen Model）主要指 Morton（1969）建立的模式。词汇可由感觉输入和情境信息这两种激活方式中的任何一种激活，感觉输入指的是当输入刺激的正字法特征或语音特征被检测到的时候，它们就与词汇项相比较。词汇项相当于一个记分牌或计算器，只要某个项目的分值超过某个预先指定的阈限，它就可以被识别。情境信息的激活方式就是说句子的语义或句法结构可能会影响对某一个词的词汇项的激活（Carroll，2007）。词汇发生模式假设两条激活路径是平行运作的。

交股模式或群模式（Cohort Model）主要指 Marslen-Wilson 等（1978，1984，1987，1990）建立的模式，是专门为了解释听觉词的识别而提出的模式。该模式认为有必要用一个词汇通达的模式来解释。Marslen-Wilson（1987）认为，口头词汇识别有三个阶段：①在对输入信息进行听觉分析的基础上，激活一群可供选择的词，这一群词称为初始词群；②选中了群中的一个词，作进一步分析；③把选中的词整合到当前语义和句法情境中。该模式融合了前两类的优点，能很好地解释为什么讲话人一个词还没有说完听者就可以听出是什么词。

连接主义模式作为人们对学习过程的研究早已存在，只是到了近几年，由于电脑技术的进步，又重新引起人们的关注。20世纪八九十年代，人们在记忆及学习的研究中开始采用连接论框架，近年来，连接论又应用于第一和第二语言学习的研究中。连接论可分为传统连接论和新连接论，新的连接论是 20 世纪 80 年代兴起的、与传统的基于计算机隐喻的认知理论相对立的一种认知理论。连接论是受大脑的启发而产生的，连接论认为神经网络由一些小的可并行处理运作的处理单元组成（这些单元可以认为类似于神经元），这些处理单元包括输入单元、输出单元和连接。连接论将语言看作存在于大脑且又相互联系的诸单位所构成的一个复杂系统。它将大脑比作由神经网络及信息交叉点之间的多重联系所组成的一台电脑，而这些联系会因被激活或不能被激活而被强化或者弱化。按照这种观点，学习发生于连接的过程之中而非抽象规则的构建。在被应用于语言学习的时候，连接论认为学习者对于语言输入的规则较为敏感，依据这些规则，他们便能提取出很可能就存在的一些模式，随着这些模式多次的激活而被强化，语言学习便发生了。连接主义模式把人的大脑比作是一台由神经网络（neural networks）组成的计算机：信息节点之间复杂的连接束。这些连接通过激活或者非激活而分别受到强化或弱化。按照这种观点，学习发生在联想过程的基础上，而不是构成抽象规则的基础上。这些连接随着联系的反复出现变得更牢固，并且当成分之间连接数量变得更巨大时，它们还成了更大网络的一部分。当应用到语言学习上时，连接论认为：学习者在语言输入过程中要对规律性的内容敏感，并根据这些规律性的东西提炼出概率性的模式。当这些模式因反复的激活而巩固时，学习就发生（Mitchell，Myles & Marsden，2013）。连接论是利用计算机对语言学习建构主义观或者自然发生观的模拟，它是一种过渡理论，旨在解释这些联想模式是如何在学习者身上发生的。如果语言学习的全部就是关于建立数十亿种联系和提炼出种种模式以形成类似规则的行为，那么这些内容又是怎样产生的呢？连接论则为研究新的特性形成的条件提供了计算的工具。

5.3.3 语言的产出模式

语言产出的类型一般分为三类：串行模式（如 Fromkin 模式，1971），并行模式，串行成分和并行成分共存模式（如 Levelt 模式，1989）。所有模式都认为，语言产出包括不同的阶段，如六阶段论（Fromkin，1971）、两阶段论（Dell，1986，见 Kormos，2006：5）。研究者为了建立语言处理的综合模式进行了许多尝试，建立了多种不同的语言产出模式，本节重点讨论 3 种相关的模式。

Clark 模式。H. Clark 和 E. Clark（1977，见 Wedell & Liu，1996）模式把讲话的策划过程分为五个阶段：语篇计划、句子计划、组成成分计划、发音计划和实际说话。“语篇”是指将要加入的谈话类型，如两个人交谈、讲故事、发布命令、描写一个人、做报告；每一类型的语篇都有自己的结构特征，策划时必须体现这些特征。一旦讲话人断定了语篇类型，就需要计划表达自己意义的句子。决定句子的形式之后，讲话人就要选择句子的每一个组成成分（如主语、谓语、宾语等）。讲话人选择具体的词填到句中的组成成分时，这些词则转移到短期记忆储存起来，并用一系列的语音符号表达出来。最后讲话人把短期记忆中表达出的音实际发出来。这样，整个说话过程就算完成了。

Levelt 模式。单语产出模式影响力最大的当属 Levelt 模式（1989，1999），Levelt 模式被广泛应用。这里仅对 Levelt 最新的模式（1999）进行描述。Levelt（1999）认为，语言的产生是模块化的，也就是说，它可以通过大量语言系统中相关构建的自主功能的发挥得以体现。该模式也可以称为“2-3-5 模式”，因为该模式包括两个组成系统（修辞/语义/句法系统和音位

/语音系统）；三个知识存储模块（心理词库、音节和说话者自身关于外部世界和内部世界的知识存储）；五个阶段：①在概念准备阶段，信息通过微观规划和宏观规划形成。宏观规划包括交际意图的细化。为了完成言语行为，说话者要选择需要传达的信息，以及确定这些信息将以何种顺序被传递。②语法编码是下一个阶段的输入过程，即前语言规划，包含了词语的选择和句法编码。语法编码阶段会检索说话者心理词库的信息，在 Level 的模式中这一过程包含词汇条目，每一条包括：（a）有关词汇条目的句法信息的词目；（b）载有词条语音形式的相关信息的词位。在该模式较新的版本中，词目并不包含语义信息，因为这一独立的概念层次已经被存贮有语义规范的词库所包含在内了。发生在语法编码初期阶段的是词目激活，这是说话者检索其意思与前语言规划中的相应模块的语义最匹配的前题（Kormos，2006）。③语法编码的输出是表层结构，也就是“词位的有序链接形成词组和子词组”。这一过程后期发展成为音位编码，其第一步是词库中包含的相关词条的音位信息的检索，这一信息使其音位和韵律的结构及段落结构特别化。④在语音编码中，首先形成由语素构成的词。其次确定韵律和段落的特征比如重音和音高。随后便是语素音素的选择。⑤最后一个阶段就是发音，此时发音轨迹被转化成为外传话语。

Kormos 模式。Kormos（2006）认为，在双语加工各阶段，说话者面临的主要问题是二语和一语项目与编码程序的竞争及如何利用补偿机制来弥补言语产生中二语知识的缺失。该模式假设，言语者利用概念中的语言提示对双语进行控制，即通过将概念中的语言提示与贮存知识的适当项目进行匹配来对目标语言信息进行编码。模块理论是受词汇驱动的，词汇激活句法建构程序，词汇编码在句法编码之前，只有当词汇-句法程序完成之后才开始进行语音编码。在这个双语话语产出模型里，Kormos 不仅把知识储备与加工系统结合起来，还试图对如何习得话语产出机制进行解释。Kormos（2006）模式对 Levelt（1999）模式进行了以下几点修正：允许层叠激活；为二语言语产生添加了句法和语音规则等陈述性知识的贮存系统；对知识贮存进行了结构上的微调，即情景记忆、语义记忆、音节化和二语规则陈述性知识等四个系统都贮存于长期记忆中；将语义记忆进一步细分为概念/语义层、句法层和语音层（韦瑶瑜、雷蕾，2009）。

总之，多种语言模式虽然存在不同的特点，但同时又有以下共同点：言语产出包括四个阶段：概念形成、构成（即语信的语法、词汇及语音编码）、发音和自我监控；这四个阶段的运作遵循规定的排列顺序；言语产出的基本工作机制是激活扩散。

5.4　*The Mental Lexicon* 杂志十年研究分析

The Mental Lexicon（《心理词汇》）杂志是全世界唯一一份以 *The Mental Lexicon* 命名的杂志，由国际著名出版社 John Benjamins 于 2006 年首创。2006—2015 年该杂志发表的论文共 178 篇，凑巧的是 2006—2010 年和 2011—2015 年发表的论文数量完全一样，都是 89 篇，见表 5.1。下面主要对比 2006—2010 年和 2011—2015 年发表论文的异同。

表 5.1　*The Mental Lexicon* 杂志 2006—2015 年发表的论文统计（单位：篇）

序号	分类			2006—2010 年	2011—2015 年
1	启动方法	听觉启动		3	14
		语义启动		12	31
		句法（结构）启动		1	2
		形态启动		3	0
		“听觉+视觉”启动		1	0
		翻译启动		0	1
2	研究方法	行为研究		54	43
		神经生理研究		4	15
		计算机语言学		1	0
		语料库语言学		2	6
		行为+语料库		2	0
		语言分析		2	0
3	研究的语言	单语	英语	30	36
			汉语	2	0
			其他	22	20

续表

序号	分类		2006—2010 年	2011—2015 年
3	研究的语言	双语	9	13
		多语	1	0
4	研究的语料	语音	6	10
		单词	27	32
		语音+单词	1	0
		复合词（包括词素）	19	9
		短语	7	6
		语法	1	0
		假词	2	0
		曲折词	4	0
		派生词	1	0
		拼写	0	1
		逐词阅读/逐句阅读	0	1
		统计方法	0	2
		句子	0	5
		图片	0	2
5	论文的类型	综述类	22	16
		实证研究类	62	73
		分析类	1	0
		研究工具开发介绍	1	0
		评述类	3	0
6	研究的语言形式	口语	19	15
		书面语	38	37
		口语+书面语	5	0
		其他	1	2
7	研究对象	儿童（18 岁以下）	8	5
		成年人	54	68
		正常人	57	69
		病人	3	4
		其他	2	0

1）启动方法

启动方法一般可以分为两大类：词汇（包括音、形、义）启动和句法启动；也可以分为三类，McDonough 和 Trofimorich（2009）将其分为听觉启动、语义启动和句法（结构）启动；Jiang（2012）分为三类：词汇和语音任务、语义任务和句子任务。这里的“任务”就是研究方法。董燕萍（2011：xiii）指出：“启动方法用于调查语言加工的心理机制，是心理语言学中最常用的研究方法之一，包括（词汇）形式启动、（词汇）语义启动和句法（结构）启动，可被称为启动范式（priming paradigm）。”根据以上的不同分类，本统计将其分为 6 小类，数据显示，2006—2010 年和 2011—2015 年相比，论文数量增加幅度最大的是听觉启动，增加近4倍，其次语义启动增加幅度近2倍。说明听觉启动引起了越来越多学者的重视。统计数据显示，语义启动不仅是心理词汇研究领域传统的启动方法，也是当今最主要的研究方法。

2）研究方法

心理词汇研究方法很多，Garrod（2006）将心理词汇研究方法分为两大类：①行为研究方法（behavioral methods），包括四种具体的研究方法，分别是测量口语理解的行为研究方法、测量书面语理解的行为研究方法、测量口语产出的行为研究方法和对话研究中的行为研究方法。②神经生理研究方法（neruophysiological methods），包括三类具体研究方法，分别是核磁共振（fMRI）、与事件相关的脑电势（ERPs）和磁-脑照相术（MEG）。Jegerski 和 VanPatten（2014）没有分大类，只是将其分为八种具体的研究方法。董燕萍（2011：xiv）指出：“从研究方法和语言研究问题的关系上看，我们可以将语言加工方法分为三类：神经生理的、模拟的和行为的。”行为的研究不如神经生理研究更加直接，但比模拟的研究更加直接，模拟的研究最为抽象（董燕萍，2011）。统计数据显示，2006—2010 年采用行为研究的论文数量多于 2011—2015 年，而 2011—2015 年采用神经生理研究方法的论文数量却远远多于 2006—2010 年。因为行为研究是传统的研究方法，用起来比较简单，经济实惠，不需要什么大型仪器。但随着社会的进步和经济的发展，加上神经生理的研究更加直接，采用大型仪器进行心理词汇研究的单位和学者越来越多，特别是近些年来，在我国外语界掀起了采用神经生理研究方法进行语言加工研究的高潮。利用语料库对心理词汇进行研究的确是个新的研究方法，2011—2015 年研究的论文数量也远远大于2006—2010年，但是由于基数太小，只有2篇，后增加到6篇，说明语料库研究方法在心理词汇研究领域还不是主要的研究方法，仅仅起到辅助的作用。

3）研究的语言

从数据来看，无论2006—2010年还是2011—2015年，更多的还是研究单语，研究双语和多语的远远少于单语。研究英语的总量和研究其他语种的基本持平，英语仍然是占据着统治地位。本统计显示，研究汉语的少了，这没有反映真实的情况，说明本杂志可能有它自己的喜好。因为从目前世界研究总体来看，在心理词汇研究领域，研究汉语的学者和相关成果越来越多。

4）研究的语料

数据显示，2011—2015年研究语料增加的有语音、单词、拼写、逐词阅读/逐句阅读、统计方法、句子和图片。2011—2015年减少的语料有语音+单词、复合词、短语、语法、假词、曲折词和派生词。这说明目前的研究语料和2006—2010年的研究发生了一些变化，特别是对句子的研究，2006—2010年没有1篇，2011—2015年增加了5篇，说明过去的研究不涉及句子，只研究单词和短语，应该说通过句法研究心理词汇是目前的一个增长点。减少最多的是复合词，这是因为过去的研究主要集中在单词和复合词的研究上，随着研究的深入，研究的范围在不断扩大。

5）论文的类型

从论文类型的数据可以看出，2011—2015年综述类文章少了，而实证研究的论文反而多了，说明越来越多的学者更加重视实证研究，因为只有通过实证研究，才能把研究深入下去，仅仅停留在综述层面不能探究出深层次的东西来。

6）研究的语言形式

从数据来看，研究书面语的数量还是大于对口语的研究，因为口语需要控制的因素要多于书面语，如控制不好，得出的数据就不太可靠。2006—2010年和2011—2015年的论文数量差别不大，说明对语言形式的研究比较稳固。

7）研究对象

从研究对象来看，研究成人语言的多于儿童语言，因为成人语言比较稳定，同样年龄的语言比较相似，儿童语言差别就比较大，同样的年龄，但他们的语言差别比较大。此外，研究正常人的语言多于病人语言，这说明研究占多数的正常人语言对多数人说有普遍的应用价值。另外，研究病人语言的难度要大于研究正常人的语言。

5.5 心理词汇研究存在的问题

经过国内外学者对心理词汇的长期研究，该方面已经取得了长足的发展。但纵观已有的研究成果，仍然存在不少问题有待进行深入研究，本节仅讨论其中的一部分。

对词汇语义表征的机制和词汇语义表征的学习机制缺乏深入研究。关于词汇的语义是如何被个体加以表征的研究虽有一些成果，但对语义表征的理解仍然显得比较粗浅，有些相关研究结果无法回答词汇间多样的语义关系到底是怎样组织成一个复杂的心理语义系统的；新的语义表征模式被赋予了学习的性质，从而使它大大接近了人类的语义表征实质。但是，目前对模式学习性质的解释更多的只是停留于一种泛化的表面现象，而没有深入研究其真实的情况（赵俊华、张大均，2006）。近些年来，该领域的研究虽然有了一定的进展，但还没有突破性的研究成果，需要进一步的深入研究。

研究对象和研究词类相对单一。Pavlenko（2009）认为，许多都倾向于研究顺序式或晚期的双语者，并将研究结果过度地扩展到所有的对双语者的研究；到目前为止，大部分研究主要集中在实词和同源词，对其他类型词的研究比较少。

研究结果差异较大。由于心理词汇是个无法直观的黑匣子，只能通过实证研究推测其不同的表征模式，由于受到多种条件的限制，虽然有些研究结果相互支持，有很多共同点，但还有一些相关研究结果差异很大，有些研究结果会完全相反，因此，对有些研究结果的可信度很难判断。

理论和实践相结合的研究偏少。由于心理词汇研究本身兼有理论性探讨和对实践的解释，然而，有些研究只是从理论到理论，或只是从实验到实验，没有更好地把理论和实践结合起来，特别是把心理词汇研究和外语学习与外语教学结合起来进行研究的成果更少，有的研究者认为心理词汇是个纯理论的问题，而外语学习与教学是个实践性很强的问题，二者没有更好的研究切入点。

5.6 未来研究方向

针对心理词汇研究存在的以上几个问题，未来的心理词汇研究需要引起更多相关研究者对词汇语义表征的机制和词汇语义表征的学习机制深入研究的重视；研究对象和研究的词类需要多样化和科学化；研究者需要具有更加严谨的科研态度，并采用更加有效的研究方法对心理词汇进行更加深入的研究，使其研究结果更具可信度；心理词汇研究应该包括两个方面：纯理论的研究和理论与实践相结合的研究，而不仅仅是纯理论的研究。

同时，未来的相关研究应该把研究的焦点扩展到概念重组和发展新的语言学范畴。Pavlenko（2009）指出，研究概念重组和发展新的语言学范畴的第一个导向就是对各种语言学范畴的结构和界限进行实证研究，尤其是和那些分布于各种语言的高频词有关的语言范畴。第二个重要的导向是对概念重组和发展的历时研究，通过历时几年定期地测验二语学习者的言语和非言语行为。为了达到更深层的了解，这些过程需要在众多学习者、课堂与自然环境以及各种语言组合的背景下研究。

未来的研究应该把心理词汇看作是动态和连续的过程。Marian（2009）认为，双语心理语言学的下一步很可能是，把双语词汇的心理表征描述为动态的和连续的过程。我们需要去除双语处理的单模式想法，意识到现实中语言理解是多来源输入的合并及互相作用，最终形成一个能被大脑解释的成分。

未来的更多研究应该是双语以上的多语的心理词汇研究。Pavlenko（2009）指出，为什么要研究多语词汇习得，因为仅仅通过研究双语者不能完全理解某些因素产生的影响。也有些研究考虑到了不同类型的词，如情感词或多义词、不同的语言组合，如有不同拼写系统的语言组合或有语调和没有语调的语言组合以及言语-符号组合，这都能让我们了解双向词汇的本质。从认知神经科学的角度研究记忆隐喻，如“激活”与“重组”比信息处理隐喻（如“储存”“表征”或“提取”）有更强大的解释力。这种隐喻的改变对未来双语词汇的研究以及关于表征和处理的问题有重要的启示意义。在这种方式下，一个稳定的、永久的表征不论是选择性的还是非选择性的只会变成一个幻影，因为分布式表征不会处于纯粹的状态，相反，它们会出现、整合并重新整合来满足特殊任务的需要。

未来的研究应该重视加工教学。传统的心理语言学从不关注加工教学研究，目前虽有极少量的相关研究，如 VanPatten（1996，2004，2007），但是对于全世界外语教学这个庞大的市场还远远不够，需要加强心理词汇的教学加工研究。Leeser（2014）认为，心理词汇未来的研究领域还可以是加工教学，这是过去少有的研究领域。加工教学是一种试图改变或者提升学习者非最优加工策略的教学技巧，这样学习者就可能在理解时正确地连接形式和意义。加工教学旨在通过给学习者提供特定语法形式的明确信息来达到目的。课堂加工教学普遍包含一个句子层面上的释义任务，这是加工教学的基于结构化的输入行为。迄今为止，加工教学测试使用离线释义任务测试了学习者对语句的最终释义，使用自定步速的听力/阅读或是眼动追踪作为前后实验的测量实验可以比较受试对时间副词和时态语素匹配或不匹配条件下对句子的加工时间。

5.7 小　结

从心理词汇研究的发展来看，可以说是研究热潮涌动，研究成果丰硕，研究队伍不断壮大；从心理词汇模式来看，研究者从不同的视角构建了心理词汇不同类型的模式。在“心理词汇的组织模式”部分，本章共讨论了八个双语模式，图 5.1 和图 5.2 中的四个双语模式可以分为分离模式和共享模式，“分离模式”又可称为“空间模式”或“空间隐喻型模式”，在多语言大脑中，模式主要以空间隐喻为基础，全部或部分词汇存储于分离的空间，其核心假说是概念与词汇的存储是分离的（贾冠杰，2008）。共享模式主要以由网络组成的连接主义为基础，在该模式中，每项词条可能与其他某项或多项词条相联系，与笔者所了解的神经网络相似。“心理词汇的组织模式”中的 MHM 模式是在 RHM 模式的基础上改进而成的，MHM 模式第一个显著的方面就是概念储存的组织性，尽管 MHM 模式认为概念储存具有统一性，但是在 MHM 模式中，概念表征或许完全共有，或部分重合，或具有完全的语言特定性：MHM 模式中第一语言和第二语言范畴代表了概念的非对等性和部分对等的语言的特殊性。本章讨论的 4 种“词汇通达模式”可分为串行搜索模式和并行提取模式，桂诗春（2000）认为，串行搜索模式指的是，当我们在阅读中碰到一个词时，我们就去看一个词表，然后再提取关于该词的信息。串行搜索指的是这个搜索词项的过程是按次序挨个进行的。并行提取模式认为，一个词的知觉输入可以直接激活那个词，而多个词项可以并行激活。语言产出模式可以分为激活扩散模式（如 Dell，1986）和模块模式，本章讨论的 3 种“语言产出模式”属于模块模式，Kormos 模式是基于 Levelt（1999）模式修改而成的。最后提出的心理词汇研究存在的问题及未来的研究方向对今后的相关研究都有些参考价值。随着本领域研究的深入发展，相信心理词汇的研究一定会走得更远，一定会得到越来越多学者的认可和重视。

第6章

多语心理词汇模式及其应用

6.1 引　　言

心理词汇主要研究词汇是怎样储存在记忆里和怎样被提取的，多语心理词汇模式研究多语心理词汇概念和形式的表征关系，研究提取词汇的不同方式。心理词汇与语言习得有着十分密切的关系，因此，随着二语习得研究的深入发展和其研究范围的不断扩大，多语（含双语）心理词汇模式研究引起了越来越多相关学者的重视。“心理词汇”又叫“心理词库”“心理词典”“内部词汇”“内部词典”等。“心理词汇（mental lexicon或internal lexicon）是研究词汇是怎样储存在记忆里和怎样被提取的。”（桂诗春，2000）心理词汇是一种内部词典，不仅包括讲话人了解的每个单词的词形变化，而且包括关于单词的所有语言信息：单词的语义内容、句法特征、音位的形状等（Navracsics，2007）。心理词汇包括母语心理词汇和多语心理词汇，关于二者的关系学术界有不同的看法，如语音说认为多语心理词汇和母语心理词汇完全不同；语义说认为多语心理词汇和母语心理词汇基本一样；句法说认为多语心理词汇是组合型的，词与词之间有一种线性的修饰、搭配关系。张淑静（2005）通过实证研究认为，双语学习者产出了大量的语音反应，表明语音联系在双语心理词汇中占主动地位。学术界对多语心理词汇和母语心理词汇关系的不同看法引起了人们对心理词汇模式的深入研究。我们知道语言处理是由诸多因素相互作用的复杂过程，但是由于我们不可能直接观察人脑的内部活动，我们不可能真正知道所有不同因素是如何相互作用的，这就需要更多人从事更加深入的相关研究。本章重点讨论多语心理词汇处理模式及其对二语习得的影响，其讨论的多语包括双语、三语等。

6.2 单语心理词汇模式

心理词汇处理模式关注词汇下储存系统的结构和该系统在不同条件下被激活的方式（蔡金亭，2006）。语言处理模式就是为了解释言语过程中相互影响的活动的复杂性，当一个人希望表达一个观点时，他必须首先找到适合表达该观点的单词，然后将所得单词组织成符合语法规范的句子，接着是正确的语序发音，这样他/她必须协调成千上万个纤细肌肉活动。心理模式是认知心理学的一个概念，是指人们心智中知识结构的组织形式，是人对客观世界的认识与解释（李建平，2008）。较早研究词汇模式的学者是 J. Ridley Stroop（1935）。McNamara（2005）认为，Stroop 效应用来检验很多有关双语词汇组织的假设。Stroop 效应是指当词的印刷颜色与词的意义相冲突而任务是命名印刷颜色（如蓝色的“红”字，红色的“黄”字）时，被试的命名时间要长于词义与颜色一致时（如蓝色的“蓝”字，红色的“红”字）或其他中性条件（如“box”）时的命名时间。之后就陆续出现了一系列相关研究。Singleton（1999）总结了四种比较知名的心理词汇处理模式：Morton 的词汇发生模式（logogen model，1961，1964，1969）、Marslen-Wilson 的群集模式（cohort model，1978，1984，1987）、Forster 的检索模式（search model，1976，1981）和 Levelt 的普通语言处理模式（general language processing model，1989，1993）或“蓝图模式”（blueprint）。此外，还有 IA（interactive activation）模式（McClelland & Rumelhart，1981）。桂诗春（2000）总结了两大类单语心理词汇模式并将其称为“词汇提取模式”，它们是串行搜索模式（serial search model）和并行提取模式（parallel access model）。

目前，影响力最大的单语词汇处理模式是 Levelt 模式（1993，1989），在这一模式里，言语的产生包括概念形成、系统编码和发音三个组成部分。Levelt 的词汇模式由两种独立成分组成：概念语义句法和语用信息的词目，与该词目有关的语音形式，即词位。该模式中言语理解被视作和言语产生需要相同步骤，只是顺序相反，并被广泛用作语言处理的通用框架，并得到许多试验数据的证实。Levelt 模式适用于操单语言者，其优点之一是有其严格的模块性：一旦信息离开某一阶段就无法再回复到该阶段。因此就可以解释语言处理速度及说话者产生错误的现象。其缺陷在于缺少直接的反馈机制使得各阶段之间的过渡变得更难解释。

6.3　多语心理词汇模式

多语（包括双语）心理词汇模式研究从 20 世纪中期开始以来引起了很多学者的重视，经过一系列实证研究，就出现了多种相关模式，如 Weinreich 模式（1953）、双语词汇记忆的独立存储模式（Kolers，1963；De Groot & Nas，1991）、概念调节（concept mediation）型和词汇连接模式（Potter et al.，1984；De Groot & Hoeks，1995）、混合型和非对称模式（Kroll & Stewart，1994；La Heij et al.，1996）、分布型模式（De Groot et al.，1992）、双编码模式（Paivio，1991）、双语相互激活模式（Dijkstra & Van Heuven，1998）、IC 模式（Green，1998）、共享分布式非对称模型（董燕萍、桂诗春，2002）、Kroll 和 Dijkstra 模式（2002）、三语相互激活模式（Dijkstra et al.，2003）、McNamara 模式（2005）、多语心理词汇动态模式（De Bot et al.，2005）等。De Bot 等总结了三种词汇表征的具体类型，即空间隐喻模式（spatial-metaphor-based model）、连接主义模式（connectionist model）和激活隐喻模式（activation-metaphor-based model）。简单来讲，多语心理词汇模式可分为分离模式（separation model）和共享模式（integration model）两大类。

6.3.1 分离模式

“分离模式”又可称为“空间模式”或“空间隐喻型模式”。De Bot 等（2005）认为，早期的模式主要以空间隐喻为基础，空间隐喻理论认为，全部或部分词汇存储于分离的空间。在多语言大脑中，信息存储方式多样性研究最早且被引用最多的是 Uriel Weinreich 模式，Weinreich（1953）模式主要以空间隐喻为基础，空间隐喻理论认为，全部或部分词汇存储于分离的空间，其核心假说是概念与单词的存储是分离的。Weinreich 认为多语言词汇可能有三种组织方法：并列型、复合型和从属型。在并列结构中，不同语言的词汇完全独立存储，每种语言的每个单词有独立的概念，即两种语言有各自的概念系统。在复合结构中，每种不同语言的单词存在共同的概念，即两种语言共享一个概念系统。在从属结构中，只存在一套概念，概念与二语词汇间不存在直接联系，第一语言词库中的词语与概念表达有着直接的联系，而第二语言词库中的词语与相关概念没有直接的联系，因此，二语单词只有通过母语方可获取概念。以 Weinreich 的空间隐喻理论为基础的实验是翻译实验，在该实验中，要求不同语言水平学习者将母语单词翻译成二语单词或将二语单词翻译为母语单词，同时测量他们的反应时间。一些实验证明所有语言的总词汇不是以特别方式存储在一个地方。具体词汇比抽象词汇更有可能存在母语和二语之间以及母语和概念之间的直接联系。母语词汇的干扰对不同语言中具有相似特征的词汇比具有不同特征的词汇要强，并且随着语言水平的提高，存储系统可能随之改变。Kroll 和 Stewart（1994）提出和证明了“修正等级模式”（revised hierarchical model，RHM），支持了分离模式的观点，并认为不同语言的词库是各自独立储存的，但与分离模式有所不同。这个模式阐述了概念、第一语言词库和第二语言词库之间的关系。但是，Kroll 和 Dijkstra（2002）对 Kroll 和 Stewart

（1994）的观点进行了修改。在 Kroll 和 Dijkstra 看来，Kroll 和 Stewart 提出的不同语言的词库是各自独立储存的设想存在疑问，他们只是从空间的角度假设第一语言和第二语言词库是相互独立存在的，这种观点已相当过时了。同时，De Bot 等（2005）也认为，很多研究表明空间模式似乎将事情过于简单化。另外，独立存储模式属于空间隐喻型模式，虽然它只适用于部分词汇。

6.3.2　共享模式

共享模式包括相互连接模式、双语相互激活隐喻模式和多语心理词汇动态模式。

1. 相互连接模式

在 Weinreich 之后的研究模式则主要以由网络组成的连接主义为基础，在该模式中，每项词条可能与其他某项或多项词条相联系，与我们所了解的神经网络相似。例如，词汇连接模式、概念调节模式、混合型模式、非对称模式、分布型模式、双编码模式、共享分布式非对称模型、McNamara 模式等。

词汇连接模式认为，二语词汇和母语词汇直接连接，但二语词汇不能和概念直接连接，而是要通过母语与概念连接。概念调节模式认为，二语词汇和母语词汇之间不能直接连接，但母语与二语词汇都可以和概念直接连接。然而，混合型模式认为两种语言既在词名层直接连接，也同时和概念层直接连接（董燕萍、桂诗春，2002），McNamara（2005）称混合型模式为多通道模式［见图 6.1（a）］。但是 Kroll 和 Steward（1994）通过实证研究发现由二语到母语的翻译要比由母语到二语的翻译快得多，同时，由母语到二语的翻译需通过概念的调节，而由二语到母语的翻译却不涉及概念，另外，还涉及受试者对词的熟练程度［见图 6.1（b）］。然而，McNamara（2005）的研究结果显示修正等级模式不是一个词汇组织的合适表征，而新的研究模式没有显示一种语言对概念的强式连接和另一种语言的弱式连接，它是一个动态连接，这种连接可以在两种语言间转换强度（strength），不考虑语言的熟练程度。在这个试验里，很多两种语言之间的干扰是完全动态的。那种在修正等级模式里呈现较强的连接在这个模式里是动态的并能够称为较强的或较弱的连接，这取决于输入的类型［见图 6.1（c）］。

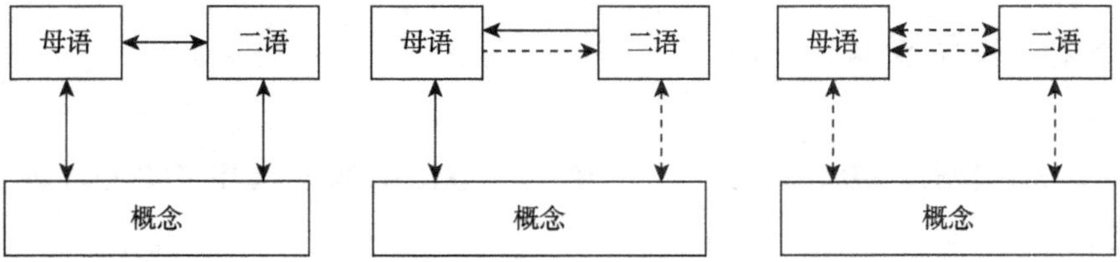

（a）多通道模式　（b）修改等级模式　（c）McNamara模式（McNamara，2005）

图 6.1　概念和词名层的关系（修改于 Kroll & Steward，1994）

虽然上述研究得出的结果不尽相同，但它们都强调了语言和概念的连接，重视相互间的影响作用。

2. 双语相互激活隐喻模式

随着双语心理词汇研究的深入发展，当今绝大部分多语心理词汇模式都以连接理论为基础，并与激活隐喻相结合，所以，该类模式也可以称为“网络激活隐喻型模式”。例如，双语相互激活模式、Kroll 和 Dijkstra 模式等。

双语相互激活模式又叫激活隐喻模式，最早由 D. W. Green 提出。Green（1986）认为，在某一时刻使用的语言即为“选择语言”，那些在这一特别时刻起到背景知识作用的语言则称为激活语言，而那些此刻不起任何作用的则是“休眠语言”。De Bot 等（2005）认为，当说话者在说某一具体语言时，激活语言成为必要，说话者可能使用其他语言的单词或是因为该单词更适合或因为说话人无法立刻从所选语言中找到合适的单词。

当多语言听者听到他所熟知的任何语言，他们不会将自己对单词的选择局限于某一种语言，这被称作非选择存取。多语言实验结果更倾向于非选择性存取。实验表明，当某种语言关闭时，将出现显著的无法解释的跨语言前置词影响。同样，也发现其他支持非选择性存取的证据。其中之一便是所谓临近影响（neighborhood effect），那些存在许多临近词的单词需要更长的反应时间，如 word、work、worm、warm 等在词形上与其他很多词相似。临近影响不限于某种语言内部临近的单词，也发生在跨语言词汇中。多语言相互激活可能是意义重叠的结果，词形重叠或其他词汇特征重叠可能很普遍。

Kroll 和 Dijkstra（2002）提出双语思维词汇不应被认为包含两个独立的系统，在这两个系统中，一种语言必须在一个单词所在的那个语言中被发现之前被选择，也不应该被看作不能选择一种语言的一个完整的系统。Dijkstra 等（2000）所做的一个研究表明，来自不同语言的词项的共同激活在词汇的认知过程中相对较晚。在三个实验中，双语参与者对同样的混合语中的相同多语同形异义词进行加工，但每一个实验都有不同的要求。三种同形异义词被使用：高频率英语词 - 低频率荷兰语词，低频率英语词 - 高频率荷兰语词以及两种语言的低频率词。实验证明，参与者对同形异义词的认知只在有限程度上能够排除来自非目标语的影响。而目标语的同形异义词则常常被忽略，特别是当其他语言的竞争词汇出现的频率更高时。所观察到的影响取决于两种多语同形异义词出现的频率。不熟练的双语可能使得二语对母语的影响相对微弱。这种观点提出了在双语认知过程中可能影响词汇选择的大量关键因素。De Bot 等（2005）认为，在语言水平较低的情况下，由于语言子集（subset）相对较小，词频和相互作用较低，二语词条一般具有低激活度。而在语言水平较高的情况下，二语词汇网络中的词汇联系就变得更强。在一个输入链基础上，不同语言的词汇代码的活跃程度是平行的；有几个因素影响着最终得出的结果模式，其中最重要的是参与者第二语言的熟练程度、任务的要求、不同语言项目阻碍性表现或混合性表现。

多语心理词汇是分离的（即独立存在）还是共享的，长期以来学术界观点不一，De Angelis（2007）认为，二者的不同点在于支持分离（独立）观的证据大多来自于对语言输出的试验，而支持共享观的证据大多来源于对语言理解的试验。语言输出和理解的处理过程是不同的，输出是靠内部概念活动激活的，而理解是靠外部刺激激活的。这种不同观点带来的相关不同试验今后还会继续下去，更多的相关证据会不断出现。不过，多数研究表明多语心理词汇是共享（或融合）的。

3. 多语心理词汇动态模式

多语心理词汇模式包括“多语心理词汇动态模式”（dynamic model of multilingual mental lexicon）和“三语相互激活模式”（trilingual interactive activation，TIA）。三语相互激活模式由 Dijikstra 和 Van Hell 于 2003 年提出（De Angelis，2007），TIA 模式是在 BIA（bilingual interactive ativtion）模式（Dijkstra & Van Heuven，1998）基础之上建立的，而 BIA 模式又是在 IA（interactive activation）模式（McClelland & Rumelhart，1981）基础之上提出来的，IA 模式用于讨论单语词汇模式。由于篇幅有限，本章不再讨论三语相互激活模式，而只讨论多语心理词汇动态模式。“多语心理词汇动态模式”就是建立在词汇网络的基础之上并结合激活隐喻而进行的新的研究模式，严格来讲属于激活隐喻型模式。激活隐喻认为：词汇中的词条随激活程度的改变而变化，激活可由某些活动而增强（如偶然看见某个单词），也会随时间变化而减弱，这是一个动态的变化过程。多语心理词汇动态模式由 De Bot 等于 2005 年提出；他们认为，关于多语言词汇处理研究中虽然已经排除关闭某种语言的可能性，但说话者是如何将不同语言分离的值得研究，因为说话者每次只能说一种语言。有证据（如 Van Hell & Dijikstra，2002）表明在词素选择中需要激活预备设置等级，因此，只见过一次就想使某个单词可以运用是不够的，对选自其他语言的词素需要使其激活度高于未激活水平。（见图 6.2）。

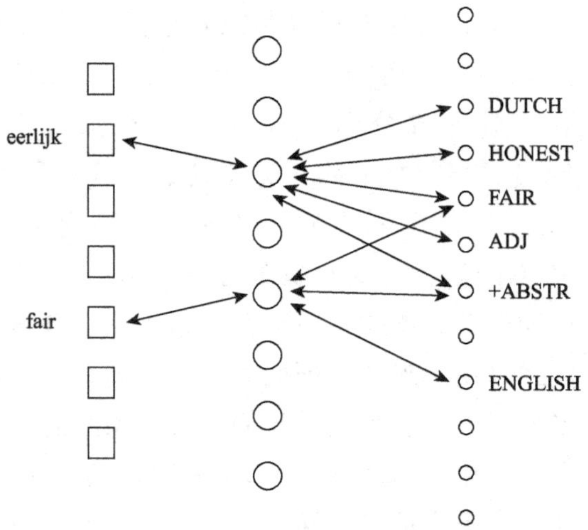

图 6.2　多语心理词汇动态模式（De Bot et al.，2005）

图 6.2 中小圆圈表示语义、句法、语用和语言信息，大圆圈表示词目，方框表示词位。图 6.2 清楚地阐明了语义、句法、语用和语言信息如何成为词目和词位的一部分，这种表征可在激活隐喻中见到。图中的箭头符号（连接线）表示双向作用的相互激活流程：从词汇概念到词目，或从词目到概念。例如，荷兰语单词“eerlijk”（honest）便和其意义信息、句法范畴、荷兰语联系，也和相应的英语单词联系，反之亦然。这个模式说明与词目相联系的不同类型的信息：句法、语义和语言信息一定是来源不同，但却表征在相同的等级之上。De Bot 等（2005）对图 6.2 进行了以下分析说明：此模式说明正因为其不断变化，受到内外因素影响，以及自我调节，词汇可被视作一个自我动态系统。与词目相关的所有可能信息以及词位的激活度不但取决于说话者一生的经历，还取决于最近所经历的高低程度。假设一个荷兰人欲用英语描述另一个人，她在尽力搜寻表达 honest 这一概念的词，取回该词的途径有很多。取回该词的途径取决于荷兰语和英语激活频率，不但指她一生，也指最近一段时间的情况，她可能直接想到英语单词或荷兰语单词。近期输入过足够的英语且表述流利的英语说话者将更可能直接想到英

语单词"honest"。如果她英语不流利或者最近不常用英语，她可能先想到荷兰语单词。然后，她可能无法决定该用"honest"还是"fair"，两个单词包含不同概念成分但在荷兰语中有重叠。她可能先想到"fair"然后通过联想想到"honest"。总之，该模式不但能解释诸如语码转换、不同语言水平的不同影响以及前置词影响等许多不同现象，还能解释人们能将不同语言分离存储的原因。

这个多语心理词汇动态模式是一个在概念表述上有语言交叉点的交互激活模式，这个模式呈现出来的心理词汇是一个动态的系统，因为它受许多内部和外部因素的影响，它是无秩序的、无法预测的、独立构成的，而且通常也很容易发生变化（De Bot et al.，2005）。这个模式也是迄今为止比较全面也是最新的多语心理词汇模式，有一定的说服力，其中有很多值得我们进行深入研究和探讨的问题。

6.4 多语心理词汇模式及其应用

多语心理词汇模式特别是多语心理词汇动态模式的关键词是联想和激活，最常听到、见到或用到的单词会最容易被提取，并且最能和诸如如何使用该词等其他信息相联系。相反最不常听到、见到或用到的单词将会更难回忆。这说明即使在母语中，忘记单词和学会单词一样容易。也可以解释能用二语流利地和朋友谈论共同感兴趣的话题但却听不懂不太熟悉的广播节目此类现象（De Bot et al.，2005）。这个新的多语心理词汇模式对第二语言习得有下列启示作用。

1. 母语在心理词汇中的作用

De Bot 等认为，不同熟练程度的二语学习者可以有不同的有效习得二语的具体方法。虽然大量的目的语输入对改进学习者熟练程度有所帮助，但在初级阶段，为了能够用目的语进行阅读，应通过学习者母语建立足够的词汇量。不能过分简单地强调习得二语时母语的消极作用。

2. 精细加工和反复练习

与词汇获得相关的研究结果指出了与精细加工和反复练习相 “连接”和“激活”的必要性。精细加工指的是针对一个词条做最大数量的相关连接；该词汇项目应该放在不同的上下文中进行研究，而且学习者应该明确地注意到与该词汇项目相关的所有特征，包括从该词的正确拼法和韵律到其句法和句意特征等。当词库被视作一个所有词汇项目都可以在内产生相互连接的网络时，精细加工，或者说新信息与学习者已有的旧知识之间的相互联接，便能够得到最好的阐释。此外，人们还需要对它进行反复练习，加以巩固。反复练习会促进词汇项目的激活程度。由于激活程度会随着时间的推移而下降。假如一个词汇项目在其激活程度即将下降之前又被重新激活，那么这次的重新激活便显得更加有效。当反复练习以逐渐增加的时间间隔发生时，人们也就获得了最理想的学习效果（De Bot et al.，2005）。

3. 重视多语之间的关系

从多语心理词汇模式来看，多语之间联系密切，它们不是独立存在的，而是融合的和相互影响的。因此在二语习得过程中，我们要重视多语之间的关系，特别是母语和第二语言的关系。熊锟（2007）认为母语对第二语言习得的影响不容忽视，表现在词汇习得方面的影响非常明显。对这些现象的认识与研究有助于人们理解词汇习得的真正内涵和弄清第二语言词汇习得的规律性，构建科学、完整的第二语言习得研究理论体系，从而服务于语言教学与科研。对于双语者来说，两种语言并没有同样的字母，很多相关研究试图来说明双语者的两种语言中的单词是如何表现和加工出来的。当前进行的实验研究项目不再仅仅为是否有两个词汇表现物，或词汇加工是否是语言筛选性的，而是集中于考察表达系统活动的输出如何与加工目标和运用此语言的上下文互动的。这些研究与二语习得研究密切相关，并将极大促进二语习得研究深入发展。

4. 大量输入+激活

De Bot 等（2005）认为，多语心理词汇模式对于外语学习者带来的启示就是，学习者如想真正“记住”词汇，他们必须对目的语进行大量的输入和激活。这里不仅强调了输入的重要性，还强化了激活的作用。

5. 扩展二语习得的研究领域

多语心理词汇研究证明有多种因素影响词汇的提取，如词频效（frequency effect）、词/非词效应（word/nonword effect）、语境效应（context effect）、词优越性效应（word-superiority effect）和降级效应（degradation effect）等，同时，这些不同的因素也是不同的多语心理词汇模式所要解释的内容。从目前二语习得研究的内容来看，以上相关研究虽然已经引起了一些学者的重视，但需要更多深入研究来扩大其研究范围。因此，今后二语习得研究应该在以上几个方面多下些功夫，需要进行更多的相关实证研究，从而丰富第二语言习得的研究。这不仅有助于扩展二语习得的研究范围，同时也有利于把多语心理词汇模式研究的成果应用于二语习得。

6.5 小　　结

本章讨论了多种心理词汇模式，在这些模式中，有的以空间隐喻为基础，有的以由网络组成的连接主义为基础，有的以连接理论为基础并与激活隐喻相联系，有的强调了动态特征。开展对这些模式的研究和探讨有利于解释二语习得中的一些问题，其研究成果对二语习得和外语教学具有一定的指导作用。李红（2007）认为，双语心理词汇研究已经是当今第二语言习得和心理语言学领域研究的一个热点。我们相信，双语或多语心理词汇研究会引起更多学者的重视，研究的相关内容也会越来越广泛和深入，多语心理词汇动态模式的出现也进一步表明了该领域研究的新发展，也有助于相关研究者对心理词汇研究的深入思考，从而帮助二语学习者更有效地习得第二语言，提高学习效率。

第 7 章

英汉心理动词程式语心理表征对比

本章运用直线性序列式在线语法判断范式，从表征方式、词频效应和相互作用三方面考察中国英语学习者对英汉心理动词程式语的心理表征，本章的程式语指的是短语，主要发现：①英汉心理动词短语总体上均呈整体表征，但具体来看，英语短语夹杂有一定程度的混合表征，汉语短语则表现为纯粹的整体表征；②词频对中国学习者英语心理动词短语表征产生显著影响，但对汉语心理动词短语的表征则无显著影响；③英汉心理动词短语在中国英语学习者大脑内部的两种不同表征显著相关，汉语作为母语在加工过程中速度显著较快，占据相对优势。本章说明，英汉心理动词短语的心理表征特点不同，其影响因素可能与词频及语言优势有关。

7.1 引　　言

表示心理活动的动词称为心理动词，如想、爱、恨、怨、悔、感激、害怕、希望、忧虑、赞成、佩服等。对心理动词的研究，国内最早见于马建忠 1898 年所著的《马氏文通》一书。之后，吕叔湘（1942）、黎锦熙（1954）、周有斌和邵敬敏（1993）、张积家和陆爱桃（2007）、李秋杨（2014）等国内学者从汉语语法研究的角度围绕其概念的界定、分类及理论等陆续进行了一些系统的研究。国外对心理动词的研究主要以 Palmer（1965）、Penny（2003）、Cheung 等（2009）、Spanoudis 和 Natsopoulos（2011）、Enghels（2012）等为代表，研究的焦点与国内类似，主要聚焦于对心理动词概念的界定和类型的划分。

由于“心理”概念本身的复杂性和灵活性，近年来，除了语法分类及界定之外，学者们对心理动词的研究逐渐深入，研究成果也渐趋丰富。概括起来，近年来国内对心理动词的研究主要集中于以下两个方面：①心理动词自身句法结构、语义表现及语篇关系之间的研究（张京鱼，2004；唐青叶，2004；王文斌、徐睿，2005；文雅丽，2007；刘燕，2015；Cheung & Larson，2015；Safari & Mehrpour，2015）；②学习者对心理动词习得规律的研究，既包括汉语母语学习者习得英语心理动词（戴曼纯、刘晓英，2008；胡文飞，2011；余盛明，2014），也包括英语母语学习者对汉语心理动词的习得情况（赵杨，2009；赵静等，2015，2016）。

随着研究的不断深入，心理动词在学习者大脑中的词汇语义表征和加工方式也逐渐引起了学者们的关注和重视。张钦等（2004：690-696）运用事件相关电位（ERP）技术从语言表征的神经生物学角度研究了表示身体活动的动词与表示心理活动的动词之间的加工差异，他们通过让被试判断 70 个身体活动动词和 70 个心理活动动词，利用 119 个头皮电极记录了其事件相关电位，探讨了词汇加工中的类型特异性效应（category-specific effect），研究表明，表示心理活动的动词与表示身体活动的动词所诱发的 ERP 走向不同，与身体活动动词相比，心理活动动词在 200~300 毫秒和 300~400 毫秒两个不同的时窗，动词类型效应所诱发的 ERP 在负走向上相比明显较小，有着显著不同的神经活动模式和加工区域，语义表征被激活的程度显著较低，语义加工更为模糊和不明确。此后，诸多学者（Tomasino et al.，2014；Volta et al.，2014；Andres et al.，2015）相继运用 fMRI、ERPs 和其他脑成像技术对行为动词和心理动词加工和表征的区别进行了相关研究，均一致发现两类动词激活的脑区不同，身体动词激活的是感觉–运动系统区域，而具有抽象性的心理动词激活的则是运动系统外部的额外区域，属于非运动类型语义加工。

就已有文献来看，学界目前对心理动词心理表征的研究主要集中于和行为动词加工激活的脑区相比较这一层面，较少涉及对其具体语义表征和影响因素的探讨，更加缺乏对双语者不同语言心理表征特点的对比和分析。这一方面可能是由心理动词自身的抽象性和复杂性，另一方面也表明其表征的研究尚存在较大的空间，有待继续深入和探索。本章采用直线性序列式语法判断范式对中国英语学习者英汉心理动词二项式程式语的心理表征特点及其影响因素进行对比和分析。具体研究问题如下：①英汉心理动词二项式程式语的心理表征方式是否存在差异？如存在，有何种差异？②词频是否对英汉心理动词二项式程式语的心理表征方式产生影响？如产生，有何影响？③中国英语学习者大脑中英汉两种语言心理动词二项式程式语心理表征的相互关系如何？在两种不同语言语义加工和提取过程中，哪种语言的作用力更大？

7.2 研究设计

7.2.1 被试

实验（一）：实验（一）为英语心理动词二项式程式语在线语法判断作业，包括 240 名被试，其中英语本族语学习者 60 名，中国英语学习者 180 名。英语本族语学习者均为英国兰卡斯特大学（Lancaster University）一、二年级英语语言学专业在校大学生（Group 1，以下简称 G1，为实验对照组）。中国英语学习者分别为江苏省某二本院校汉语专业大一新生 60 名（Group 2，以下简称 G2，本章将之界定为二语学习低水平组）、通过全国专业四级考试的英语专业三年级学生 60 名（Group 3，以下简称 G3，为二语中水平组）和江苏省某一本“211 工程高校”通过全国专业八级考试的英语专业硕士和博士研究生 60 名（Group 4，以下简称 G4，为二语高水平组）。

实验（二）：实验二为汉语心理动词二项式程式语在线语法判断作业，包括 180 名被试，这些被试与实验（一）中的三组中国英语学习者被试相同。

7.2.2　研究材料

本章的核心实验材料为两套各 14 个英汉语义相对应的心理动词二项式程式语（见附录 1）。这些二项式程式语的选择经历了两个阶段：首先确定汉语材料，再确定与之语义相对应的英语材料。对汉语材料的确定，本章以张积家和陆爱桃（2007）界定的 80 个汉语心理动词为基本框架，以吴光华《汉英大辞典》（2010）和姚小平《汉英字典》（第 3 版）（2010）为依据，对 80 个汉语心理动词进行了筛选和剔除处理，最后选定了两个词典中共同出现且兼类词程度较低的 14 个双字二项式程式语。对英语心理动词二项式程式语的确定，本章的原则是：以上述两个汉英词典为依据，对汉语材料的英语对译词进行选择，凡是英语释义中有超过一个以上义项的，统一以第一个义项为标准，且英语释义中只保留双词二项式程式语。

为考察词频效应，本章分别以 2016 北京语言大学现代汉语在线语料库（Beijing Language and Culture University Corpus Center，BCC，总字数约 150 亿）和 2016 美国当代英语语料库（Corpus of Contemporary American English，COCA，总字数约 4.5亿）为依据，将 14个二项式程式语的词频按从高到低的顺序进行排列，前后各取 25%的比例，即词频最高和最低的 4 个刺激词分别被作为高频和低频二项式程式语进行分析和讨论。本章最终所使用的英汉核心实验材料如下（见表 7.1）。

表 7.1　汉英心理动词二项式程式语核心实验材料

汉语词汇	词频（BCC 语料库）	词频分界	英语词汇	词频（COCA 语料库）	词频分界
支持	597 611	高频	take care	13 526	高频
考虑	272 000	高频	hope for	5 076	高频
感谢	214 105	高频	be willing	4 311	高频
愿意	185 555	高频	be afraid	2 614	高频
小心	129 167		approve of	1 463	
担心	128 515		be grateful	979	
思考	115 662		hold out	955	
害怕	98 420		get angry	775	
生气	86 133		be thankful	477	

续表

汉语词汇	词频（BCC 语料库）	词频分界	英语词汇	词频（COCA 语料库）	词频分界
失望	68 993		think over	193	
热爱	40 148	低频	lose hope	102	低频
感激	37 624	低频	feel anxious	75	低频
赞成	22 683	低频	think deeply	39	低频
盼望	14 745	低频	love ardently	0	低频

实验（一）的所有材料在 14 个英语心理动词二项式程式语的基础上拓展而成，具体包括 14 个语法二项式程式语（English grammatical phrases，EGP），14 个非语法二项式程式语（English non-grammatical phrases，ENGP），14 个不符合语法规则的英语双词词串（English non-grammatical two-word sequences，ENGTS）。实验（二）的所有材料与实验（一）的构成方法类似，分别为 14 个汉语语法二项式程式语（与英语二项式程式语语义对应）（Chinese grammatical phrases，CGP），14 个汉语非语法二项式程式语（Chinese non-grammatical phrases，CNGP），14 个不符合语法规则的双字汉语字符串（Chinese non-grammatical two-character sequences，CNGTS）。对英语实验材料中非语法二项式程式语和不符合语法规则词串的构成，本章在参考 Jiang 和 Nekrasova（2007）做法的基础上修改而成，具体方法为：用词频和词长相似的不同词类替换二项式程式语中的某一单词，生成与核心词有一个词重叠但语法不正确的二项式程式语，如用 feel *shout* 代替 feel *anxious*，再用同样方法生成相应的不符合语法规则的双词词串（如 *ball kick*），用作填充与参照。汉语实验材料的构成方法与英语类似。

7.2.3 研究工具

本章利用 E-Prime 2.0 软件，随机呈现实验材料中的二项式程式语并记录被试的判断反应时间和结果，将英汉语义相对应的两套材料各 42 个条目分别写入 E-Prime 可接受的程序，在计算机上运行。如果被试判断可以接受，按下电脑上的“J”键；如果不能接受，则按下电脑上的“F”键。

7.2.4 研究过程

本章采用直线性序列式在线语法判断范式，即要求被试尽可能快地判断电脑屏幕上呈现的二项式程式语是否在语法和语义上可接受。该方法强调时效，因此对于要考察的二项式程式语提取和心理表征更直接和敏感。也就是说，如果刺激材料是整体贮存、整体提取的话，语法判断时，被试会直接跳过语法分析过程，反应时间会更快。

实验包括“英语”和“汉语”语法判断两个环节，以单个施测的方式进行，被试需要在计算机上独立完成所有实验环节。

“英语作业”部分，对英语本族语者，所有的实验指令和实验材料均以英语呈现；对中国英语学习者，为了让其更好地熟悉实验的整个测试过程，提高实验的准确率和有效性，所有指令均用汉语呈现，但实验材料则全部用英语呈现。在“汉语作业”部分，所有的实验指令和实验材料均用汉语呈现。

实验前，被试接受实验指导，并且做 20 个二项式程式语的语法判断练习项目以熟悉实验环境。20 个测试练习的项目与正式实验的项目设置方法相同，但刺激材料完全不同。在练习模块，本章设置了正确率要求，要求被试正确率达到 90%以上才能参加正式实验；如果正确率达不到 90%，则被试需要继续进行练习，等练习通过后方可进入正式的实验。练习正确率这一环节的设置可以有效确保被试完全熟悉实验流程及要求，包括对键盘上“J”和“F”这两个键位置的适应和操作的熟练。

实验部分，英语本族语被试仅需完成实验（一），中国英语学习者需要同时完成实验（一）和实验（二）。为使实验结果不受实验顺序影响，180 名中国英语学习者，一半实验一在前、实验二在后，而另外一半则是实验二在前、实验一在后。

所有数据均由实验者以一对一的方法直接向被试收集。对英语本族语者的数据收集，由研究者在英国兰卡斯特大学访学时进行；对三组国内被试，则由研究者所在团队集体完成。

实验结束后，所有被试的初始数据以手动的方式转换为 SPSS17.0 格式进行各项相关统计和检验。

7.3 结果与讨论

7.3.1 英汉心理动词二项式程式语心理表征

1）中国英语学习者对英语心理动词二项式程式语的心理表征特点

本小节首先考察不同英语水平的中国学习者对英语心理动词二项式程式语贮存和提取的心理表征特点，然后考察母语和二语水平是否是导致表征差异的关键因素。表 7.2 和图 7.1 显示了实验（一）的反应时数据。

表 7.2 不同被试组实验（一）的反应时（ms）数据表

被试组别	项目	EGP	ENGP	ENGTS	组内三种实验材料重复测量单因素方差分析	
					组内主体效应	组内多重比较
G1	反应时	891.43	867.16	1 112.55	F（1，59）=3 038.39	p（EGP&ENGP）=0.866
	标准差	141.44	175.27	205.57	p（组内）=0.000	p（EGP&ENGTS）=0.000
G2	反应时	769.19	595.04	1 089.11	F（1，59）=953.35	p（EGP&ENGP）=0.000
	标准差	154.06	318.25	279.70	p（组内）=0.000	p（EGP&ENGTS）=0.000
G3	反应时	911.50	727.19	1 100.27	F（1，59）=1 893.29	p（EGP&ENGP）=0.000
	标准差	140.98	282.29	240.90	p（组内）=0.000	p（EGP&ENGTS）=0.000
G4	反应时	1 058.26	1 009.45	1 285.51	F（1，59）=2 307.17	p（EGP&ENGP）=0.817
	标准差	161.14	340.95	218.46	p（组内）=0.000	p（EGP&ENGTS）=0.000

组间变量单因素方差分析	
组间主体效应	组间多重比较
因变量：14 个英语心理动词二项式程式语反应时； 因素变量：四个被试组； F（3，236）=37.34，p（组间）=0.000	p（G1&G2）=0.000，p（G1&G3）=0.952， p（G1&G4）=0.000，p（G2&G3）=0.000， p（G2&G4）=0.000，p（G3&G4）=0.000

由表 7.2 可以看出：首先，四个被试组各自组内三种二项式程式语的反应时主效应均呈显著差异[p（组内）值均为 0.000]，除了本族语组和二

语高水平组组内语法二项式程式语与非语法二项式程式语无显著差异外，其他每两组之间的差异均呈显著性（p 值均为 0.000）。其次，各个不同被试组对英语心理动词二项式程式语的反应时间明显不同，其中，除了本族语组和二语的中水平组无显著差异外（其显著性概率为 0.952，大于 0.05），其余各两组之间的差异都具有显著性（p 值均为 0.000）。

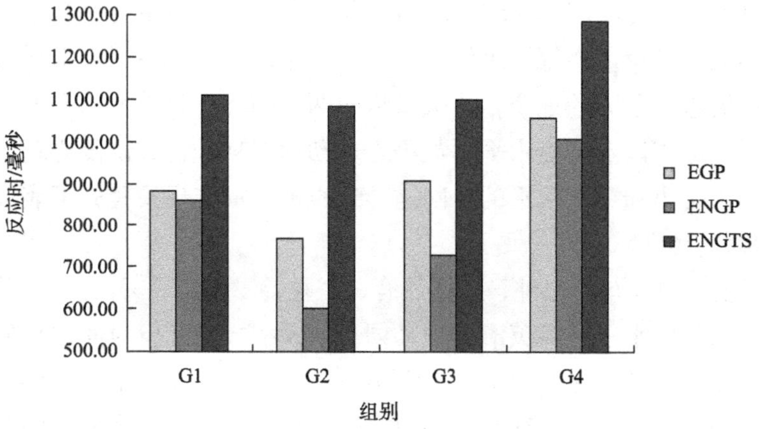

图 7.1　四个被试组对英语心理动词语法二项式程式语、非语法二项式程式语和不符合语法词串的反应时

表 7.2 和图 7.1 显示：四个被试组对三种不同实验材料的反应时间均呈显著差异。首先，加工非语法二项式程式语的时间最短，其次是语法二项式程式语，加工不符合语法词串的时间最长，且四个组的变化趋势基本一致。这一结果与 Bod（2001）、Jiang 和 Nekrasova（2007）、Tremblay 等（2011）、钟志英和何安平（2012）及钟志英（2015）等运用类似方法研究学习者程式语心理表征所得出的程式语加工时间最快、完全呈现整体表征的结果不一致，与 Schmitt 和 Underwood（2004）所做的类似研究所得出的程式语完全呈分析性表征的结果也不一样。这说明，英语心理动词二项式程式语与英语程式语的贮存和提取模式在本质上可能并不相同。学习者对英语心理动词二项式程式语的心理表征与程式语虽有类似之处，但又不完全一样：一方面，被试对英语心理动词二项式程式语的提取速度显著

快于不符合语法词串，符合程式语整存整取的整体表征特点，但另一方面，这一速度又在不同程度上落后于对非语法二项式程式语的提取，似涉及语法解析过程，与分析性表征的典型特征类似。本章结果表明，中国英语学习者对英语心理动词二项式程式语的心理表征结合了整体表征和分析性表征的双重特点，属于"混合表征"。

在对英语心理动词二项式程式语的反应时方面，四组各不相同，组间主效应差异显著。英语本族语组作为对照组，总体上与二语组存在显著差异；同时，英语水平不同的三个二语被试组两两之间均有显著的组间差异。这一结果表明：母语以及英语水平对英语心理动词二项式程式语的心理表征具有显著影响，母语和英语水平的不同是导致心理动词二项式程式语表征差异的关键因素。

除了上述研究结果之外，本章还有一个重要发现。表 7.2 显示，英语本族语组和二语的中水平组对英语心理动词二项式程式语反应时间差异的显著性概率值为 0.952，远远大于 0.05，说明这两个被试组对英语心理动词二项式程式语贮存和提取的心理表征非常相似，没有显著差异，两者属于同质小组。这一发现具有非常重要的价值，因为与行为动词相比，心理动词在人们大脑中有着不同的神经活动模式和独特的心理表征（张钦等，2004），即使对于本族语者来讲，其具体表征方式尚不清楚，仍处于未知和探索阶段（贾冠杰，2008），对于英语二语学习者来讲，他们的表征模式更是未为可知。通过研究，笔者发现，英语本族语者与我国通过英语专业四级考试的二语中级水平学习者对英语心理动词二项式程式语加工和提取的速度不存在显著差异，两者贮存和提取的心理表征方式非常相似，可以归为同质水平。进一步讲，未来类似研究或许可以直接选取二语中级水平学习者为类本族语者对照组，与其他不同水平组进行英汉语言不同层面心理表征的对比分析和研究。

2）汉语母语学习者对汉语心理动词二项式程式语的心理表征特点

本小节首先考察因二语学习而导致接触、使用汉语程度不同的母语者对汉语心理动词二项式程式语贮存和提取的心理表征特点，然后考察汉语使用程度是否是导致表征差异的关键因素。表 7.3 和图 7.2 显示了实验（二）的反应时数据。

表 7.3　不同被试组实验（二）的反应时（ms）数据表

被试组别	项目	CGP	CNGP	CNGTS	组内三种实验材料重复测量单因素方差分析	
					组内主体效应	组内多重比较
G2	反应时	689.78	974.73	937.12	F（1，59）=2 963.50 p（组内）=0.000	p（CGP&CNGP）=0.000 p（CGP&CNGTS）=0.000
	标准差	85.99	228.27	165.98		
G3	反应时	721.04	912.68	877.09	F（1，59）=3 305.03 p（组内）=0.000	p（CGP&CNGP）=0.000 p（CGP&CNGTS）=0.000
	标准差	82.76	185.88	142.23		
G4	反应时	688.38	862.55	883.73	F（1，59）=1 739.40 p（组内）=0.000	p（CGP&CNGP）=0.000 p（CGP&CNGTS）=0.000
	标准差	112.99	209.42	194.13		

组间变量单因素方差分析	
组间主体效应	组间多重比较
因变量：14 个汉语心理动词二项式程式语反应时； 因素变量：三个被试组； F（2，177）=2.273，p（组间）=0.106	p（G2&G3）=0.199， p（G2&G4）=0.997， p（G3&G4）=0.172

表 7.3 显示：首先，三个被试组各自组内三种实验材料的反应时主效应均呈显著差异[p（组内）值均为 0.000]，且每种实验材料两两之间的差异都具有显著性（p 值均为 0.000）。其次，三个被试组尽管对汉语心理动词二项式程式语的反应时间各不相同，但是其组间主效应差异并不显著[p（组间）=0.106]。

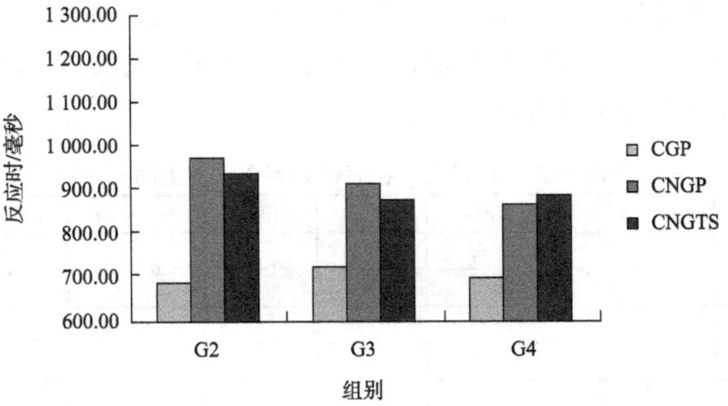

图 7.2　三个被试组对汉语心理动词语法二项式程式语、非语法二项式程式语和不符合语法词串的反应时

表 7.3 和图 7.2 数据说明：

首先，三个被试组对三种实验材料的加工时间均呈显著差异，加工心理动词语法二项式程式语时间最短，且三个组的变化趋势非常相似。这一结果与使用类似任务对英语本族语者英语程式语加工的心理表征模式高度契合（Bod，2001；Jiang & Nekrasova，2007；Conklin & Schmitt，2008；Tremblay et al.，2011），说明汉语心理动词二项式程式语的贮存与提取模式在本质上与程式语相似度很高。本实验结果表明，汉语母语者对汉语心理动词二项式程式语与英语母语者对英语程式语，两者的心理表征模式高度相似，均为显著的整体表征方式，它们在学习者大脑中的加工方式是整体存贮、整体提取。

其次，汉语母语者接触、使用母语程度的不同没有导致汉语心理动词二项式程式语心理表征的显著差异。这说明，处在汉语母语学习环境，学习者对汉语心理动词二项式程式语的心理表征发展到一定阶段后可能发生了“石化”现象，其心理表征不再有实质性的进步和变化。

7.3.2 词频对英汉心理动词二项式程式语心理表征的影响

1）词频对英语心理动词二项式程式语心理表征的影响

本节通过不同被试组的反应，重点讨论“词频”对英语心理动词二项式程式语心理表征的影响（表 7.4）。

表 7.4 英语心理动词二项式程式语在高低频两个维度上的反应时（ms）比较

被试组别	人数	词频	反应时间	标准差	均值差	相关系数	t 值	显著水平
G1	60	高	911.09	188.24	−19.70	0.388	−0.60	0.551
		低	930.79	258.66				
G2	60	高	736.91	200.16	−76.85	0.073	−1.93	0.059
		低	813.76	250.88				
G3	60	高	826.27	205.59	−133.58	0.023	−3.02	0.004
		低	959.85	278.28				
G4	60	高	1024.00	234.60	−105.12	0.249	−2.48	0.016
		低	1129.12	295.29				

表 7.4 列出了英语本族语学习者和三组中国英语学习者分别对“高频”和“低频”英语心理动词二项式程式语的反应时间、标准差、均值差、两者的相关系数、t 值及两者差异的显著性概率值。结果归纳如下：①词频未对本族语者英语心理动词二项式程式语的心理表征产生显著影响。英语本族语者对高频心理动词的反应时间虽然快了19.70毫秒，但两者之间差异的显著性概率值为0.551，远远大于0.05，说明英语本族语者对高频和低频英语心理动词二项式程式语的提取时间不存在显著差异，两者心理表征相似度较高。②词频对中国英语学习者英语心理动词二项式程式语心理表征产生了显著影响。从反应时间来看，二语低、中、高三个水平组普遍对高频心理动词的反应时间较快，尽管低水平组对两者反应的时间差异显著值是 0.059，但也达到了边缘显著，所以，总体来看，三组被试对两类词的反应时间均达到了显著程度。这一结果与使用类似任务（Jiang & Nekrasova，2007；钟志英、何安平，2012；李更春、贾冠杰，2013；钟志英，2015）对中国英语学习者加工英语高频词发现“词频效应”具有显著影响的研究结果比较类似。③英语本族语者对英语心理动词二项式程式语提取没有表现出显著的“词频效应”，而二语被试组却显示出了显著的“词频效应”，这是一个有趣的发现。这一现象很可能与语言使用的敏感性有关，正如小孩学说话时对陌生语言非常敏感一样，随着年龄的增大对新的语言学习便没有小时候那么敏感，与此相似，二语学习者对一门不同于自己母语的语言通常来讲会比较敏感，但英语本族语者由于英语是自己的母语，且实验被试均为大学生成年被试，母语语言敏感性的逐渐降低削弱了他们对“高频词”和“低频词”进行区别的敏锐程度。

2）词频对汉语心理动词二项式程式语心理表征的影响

本节考察词频是否对汉语心理动词二项式程式语的心理表征产生影响（表 7.5）。

表 7.5 汉语心理动词二项式程式语在高低频两个维度上的反应时（ms）比较

被试组别	人数	词频	反应时间	标准差	均值差	相关系数	t 值	显著水平
G2	60	高	684.89	117.75	−36.58	0.141	−1.508	0.137
		低	721.47	163.92				
G3	60	高	711.20	118.12	−33.76	0.285	−1.525	0.132
		低	744.96	162.40				
G4	60	高	689.22	129.84	−1.27	0.391	−0.061	0.952
		低	690.49	160.08				

表 7.5 显示：①三个汉语母语被试组虽然对高频汉语心理动词二项式程式语的加工和提取时间都比较短，但对高频和低频二项式程式语的反应时间差异却均不具有统计意义上的显著性；②“词频”没有导致汉语母语者对高频汉语心理动词二项式程式语的提取表现出显著优势。换言之，汉语本族语者对母语心理动词高频二项式程式语的表征并没有表现出“词频效应”优势，这与本章发现英语本族语者对高频英语心理动词二项式程式语的提取“不敏感”结果一致。这一研究发现或许表明，“词频效应”对二语学习者来讲，效应显著；但对母语学习者来讲，由于母语敏感性随着年龄逐渐增大而渐趋减弱，对高频词与低频词之间的识别和区分越来越不敏锐，所以高频心理动词二项式程式语失去了自身的“词频”优势。

7.3.3 英汉双语者大脑内部英汉心理动词二项式程式语心理表征相互关系及相互影响

本节首先考察英汉语义相对应的心理动词二项式程式语在二语学习者大脑中心理表征的相互关系，然后考察二语和母语在贮存和提取过程中各自作用力的大小（表 7.6）。

表 7.6　汉英双语者英汉心理动词二项式程式语反应时（ms）*t* 检验及协方差检验数据表

配对样本 *t* 检验						
被试组别	语言类别	反应时间	*p* 值	均值差	*t* 值	显著水平
G2	英语	769.19	0.453***	79.41	4.45	0.000
	汉语	689.78				
G3	英语	911.50	0.525***	186.42	11.82	0.000
	汉语	721.04				
G4	英语	1 058.26	0.483***	369.88	19.71	0.000
	汉语	688.38				

***表示在 0.001 水平（双侧）上显著相关

协方差检验						
源	III 型平方和	自由度（df）	均方	方差	显著水平	决定系数（R^2）
汉语心理动词二项式程式语	964 988.43	1	964 988.43	53.45	0.000	0.522
组别	2 562 921.28	2	1 281 460.64	70.97	0.000	
英语心理动词二项式程式语	371 198.88	1	371 198.88	53.45	0.000	0.252
组别	188 377.75	2	94 188.87	13.56	0.000	

注：a.因变量为英语心理动词二项式程式语时，汉语二项式程式语为协变量；b.因变量为汉语心理动词二项式程式语时，英语二项式程式语为协变量

由表 7.6 可见：首先，三个被试组对英汉心理动词二项式程式语反应时之间的 *P* 值在 0.001 水平（双侧）上都表现出了显著的正相关关系；其次，三个被试组对语义相对应的英汉二项式程式语反应时间差异均达到了显著水平；最后，在英汉双语者心理词库中，就母语和二语心理表征的各自作用力来说，汉语作用力具有相对优势。

以上结果表明：①三个被试组对英汉心理动词二项式程式语做出语法判断所需反应时间在 0.001 的水平上均呈显著相关，说明英汉两种语言心理动词二项式程式语心理表征紧密相关，达到了显著水平；②三个二语被试组加工英汉心理动词二项式程式语反应时间差异的显著性概率值均为 0.000，小于 0.001，说明中国学习者英汉心理动词二项式程式语的两种心理表征虽然显著相关，但两者的加工时间依然存在差异，且差异

显著；③当控制“汉语心理动词二项式程式语”并以之作为协变量进行分析时，它的概率值为 0.000，说明“汉语心理动词二项式程式语”能显著预示“英语心理动词二项式程式语”的心理表征方式，也就是说，前者对后者的判断产生了显著的影响。这时，因素变量“组别”和“汉语心理动词二项式程式语”心理表征可以联合解释、预测英语心理动词二项式程式语心理表征 52.2%的方差。反过来观察，当控制“英语”为协变量时，它的概率值为 0.000，说明它也能显著地预示“汉语”的反应结果。此时，因素变量“组别”和“英语心理动词二项式程式语”心理表征仅可以联合解释、预测“汉语心理动词二项式程式语”心理表征 25.2%的方差。这一结果表明，对汉–英双语者来讲，其心理词库中母语对二语心理表征的决定性作用力（52.2%）大于二语对母语的作用力（25.2%）。在两种语言相互作用方面，汉语作为母语在提取过程中速度显著较快，其作用力占据相对优势。

7.4　小　　结

通过对英汉心理动词程式语心理表征进行对比分析，得出如下结果：①中国英语学习者对作为二语的英语心理动词二项式程式语心理表征属于“混合表征”，对作为母语的汉语心理动词二项式程式语心理表征则属于“整体表征”。实验（一）和实验（二）的结果分别表明，母语和二语水平是影响英语心理动词二项式程式语心理表征的关键因素，汉语母语接触和使用程度对汉语心理动词二项式程式语的心理表征没有显著影响。②“词频效应”在中国英语学习者对英语心理动词二项式程式语提取和反应方面有显著体现，高频词的提取速度显著快于低频词。但不同学习者对各自母语心理动词二项式程式语的提取和反应时间表现一般，无论是英语本族语者还是汉语本族语者，他们对各自母语中高频心理动词二项式程式语的反应和提取均未表现出“高频词优势”。③对中国英语学习者来说，当二语和母语共享一个心理词库时，英汉心理动词二项式程式语的两种表征显著相关，但在加工和提取过程中，汉语作为母语具有相对的竞争和作用力优势。总之，本章对心理动词心理表征的研究在总体上是一种推进和探索，既探讨了中国英语学习者对二语心理动词心理表征的特点和影响因素，又从英汉两种语言其语种不同的视角对二语和母语词汇心理表征特点的异同及影响因素进行了深入对比和分析，丰富了心理动词心理表征已有相关研究成果。今后，对心理动词心理表征的研究可以从多语比较的层面展开，结合 ERPs 和 fMRI 等神经认知和脑成像技术，对语言表征的具体性特点进行更为精确、直接的深入探究和考察。

第8章

英汉心理动词程式语语音表征对比

8.1 引　　言

心理动词是描述人们心理活动或心理状态的一类词，具有一定抽象性和复杂性，习得比较困难（Cheung & Larson，2015）。近年来，有关心理动词心理表征及相关影响因素的研究逐渐引起越来越多研究者的关注，现有研究主要集中在词汇语义范畴分类（Weimer，Parault Dowds & Fabricius，2017；张积家、陆爱桃，2007）、句法语义知识表征（Hartshorne，O'Donnell & Sudo，2016；赵静、王同顺，2016）及短语心理表征特点（王云、贾冠杰，2017）等方面，而未见从语音加工角度研究其表征特点，也没有汉英语音表征对比研究。本章以汉英双语者为研究对象，运用视觉掩蔽启动范式，从表征特点、影响因素和相互作用三方面考察了汉英双语者心理动词程式语语音表征的特点。结果显示：①汉英程式语语内语音表征特点均为“整体通达”，语间语音表征在加工效率和启动效应方面不同，一语加工效率显著高于二语，但启动效应相对弱于二语。②双语者二语水平和词频对汉英程式语语音表征均有影响，且二者产生交互效应；其中，词频影响较大，低频词呈现出显著的负启动效应。③汉英程式语语音表征在双语者心理词库中显著相关；英语作为二语在相互干扰和影响方面具有微弱优势。研究结果对语音教学具有启示作用。

8.2 相关研究

语音表征是构成词形表征的核心要素之一。每一种语言都有其特定的语音系统和发音规律，汉语和英语分属汉藏语系和印欧语系，在语音方面存在较大差异。语音表征不仅可以从听觉通道中提取，也可以从视觉通道中提取。视觉通道中的语音表征指一个人通过视觉通道提取文字或表音符号的语音信息（祁志强、彭聃龄，2010）。对同时掌握两种语言的双语者来讲，其大脑中两种语言的语内语音表征特点及语间表征相互作用一直是双语加工关注的热点，现有研究主要集中在“脑区激活的神经机制”及“双语自动激活”两个方面。Klein 等（1995）通过神经成像技术发现双语者一语与二语语音加工的神经网络之间存在相互激活现象，且两部分激活的脑区有不同程度的重叠，类似发现在许多研究中（Sebastian-Galles，Rodriguez-Fornells & de Diego-Balaguer，2006；Golestani，2016；孟迎芳等，2016） 都得到了证实，表明双语者 L1 和 L2 语音表征具有高度相关的神经网络激活脑区，为双语语音相互激活或抑制提供了神经基础。关于双语语音表征的相互作用，研究者多采用语义和语音启动相结合的方式来考察双语语音的相互激活情况，但由于实验未限制由语义加工所带来的混淆而使得实验结果结论不一，其缺点在于不能为相对单纯的语音表征特点提供直接的证据，而采用形异音似字作为关键启动刺激则可以弥补上述缺陷（俞林鑫，2014）。

针对汉英形异音似字语音表征特点，国内外学者均进行过相关探讨。在汉语方面，Perfetti 和 Tan（1998）、陈栩茜、张积家和李昀恒（2013）发现，汉字词识别活动中存在着单纯的音似字语音效应，语音可以自动激活。形异音似对汉字目标词具有启动作用，启动效应主要是字音因素的作用。此外，陈宝国和宁爱华（2005）、李小健、王文娜和李晓倩（2011）进一步发现，音似字加工受词频效应的影响，单个字在激活语音表征时会引起高频字表征的自动激活，而低频字则受到限制。在英语方面，Forster 和 Davis（1991）、Gollan、Forster 和 Frost（1997）、Ziegler、Petrova 和 Ferrand（2008）通过启动范式也发现学习者在加工单词时语音关联启动效应会自动发生。

现有语音表征研究大多是对单个字或特定元音和辅音表征进行调查，但语音不能单独存在，它和具体的语言现象联系在一起（Vygotsky，1962），因此，语音表征研究应拓宽思路，关注语音出现的自然生态语境，并就自然生态语境中语音表征特点及影响因素开展相关考察（Cutler，2008；Vitevitch & Luce，2016）。程式语是自然生态语境中出现频率较高的一种语言现象，指“一个词或词串，该词串可以是完整的，也可以是含有空格的，该词或词串被当作一个语素一样来处理，（它的意义）不依赖于其组成成分的组合”（Wray，2008：12）。这类语言现象亦称短语、词块、语块等，其共性为语言使用中复现的多词组合，结构较完整、语义或功能较明确，英汉书面语和口语中均大量存在（戚焱、丁言仁，2011）。程式语在视觉及听觉方面均具有加工优势（Jiang & Nekrasova，2007；詹宏伟，2012；钟志英，2015），其语音加工能力对衡量学习者语言习得熟练程度和目的语体系发展起着至关重要的作用（秦琴、刘伟，2016）。以程式语为切入点，就自然生态语境下语音各组成成分加工过程开展的具体实证研究较少，亟待探索。

回顾现有双语语音表征研究文献，笔者发现，已有研究对语音表征的特点及影响因素展开了一些探讨，但仍有局限，具体表现为：①缺乏汉英语内及语间表征特点的直接对比；②语音表征影响因素探讨缺乏系统性，二语水平（潘颖、盖笑松，2013）和词频（Forster & Davis，1991；Ziegler，Petrova & Ferrand，2008）对语音启动效应的影响虽有涉及，但二语水平和词频的交互作用还没有进行全面探讨；③缺乏汉英双语语音表征在学习者心理词库中相互影响情况的考察。针对心理动词程式语语音加工和启动效应进行研究有助于弥补语音在自然生态语境中表征特点研究的不足，拓展语音表征的研究范围，丰富双语语音表征的现有成果。鉴于此，本章选取概念语义相对应的汉英心理动词程式语，采用视觉掩蔽启动范式，从表征特点、影响因素及相互作用三方面对汉英双语者心理词库中两种程式语的语音表征特点进行对比分析。

8.3 研究设计

8.3.1 研究问题

本章主要探讨以下三方面问题：

1）汉英心理动词程式语语音表征有何异同？

2）双语者二语水平和词频是否对汉英心理动词程式语语音表征产生影响？如产生，有何影响？

3）双语者心理词库中两种语言程式语语音表征的相互关系如何？二者在相互影响和干扰方面，哪种语言的作用力更大一些？

8.3.2 研究对象

实验（一）包括 180 名被试，分别为江苏某高校尚未通过 CET-4 的大一新生 60 名（以下简称 G1，本章将其界定为英语低水平组）、通过 TEM-4 的英语专业三年级学生 60 名（以下简称 G2，为英语中级水平组）和通过 TEM-8 的英语专业硕士和博士研究生 60 名（以下简称 G3，为英语高水平组）。

实验（二）包括 240 名被试，其中前 180 名同实验（一），后 60 名为英语本族语学习者，均为英国兰卡斯特大学一、二年级英语语言学专业在校大学生（以下简称 G4，为对照组）。

8.3.3 实验设计与材料

实验（一）为汉语心理动词程式语语音启动实验，采用 3×3 双因素混合设计，两个因素分别为组别（二语水平低、中、高）和启动条件（语音启动、无关启动、干扰启动）；实验（二）为英语心理动词程式语语音启动实验，采用 4×3 双因素混合设计，两个因素分别为组别（二语水平低、中、高和英语本族语组）与启动条件[同实验（一）]；两个实验的因变量均为被试在不同启动条件下的反应时和启动效应量。

实验材料为 14 组语义概念相对应的汉英心理动词程式短语（表 8.1）。汉语材料以张积家、陆爱桃（2007）界定的 80 个汉语心理动词为基本框架，以《汉英大辞典》（吴光华，2010）和《汉英字典》（姚小平，2010）为依据，选择两个词典中共同出现且兼类词程度较低的 14 个双字词程式短语。英语材料则采用上述两个词典释义中一致认可的双词程式短语翻译。

为考察词频效应，本章分别以 2016 北京语言大学现代汉语在线语料库（Beijing Language and Culture University Corpus Center，BCC，总字数约 150 亿）和 2016 美国当代英语语料库（Corpus of Contemporary American English，COCA，总字数约 4.5 亿）为依据，将 14 个短语按从高到低的词频顺序进行排列，前后各取 25%作为高频和低频程式短语。

表 8.1　汉英心理动词程式短语实验材料

汉语	词频（BCC）	分界	英语	词频（COCA）	分界
支持	597 611	高频	take care	13 526	高频
考虑	272 000	高频	hope for	5 076	高频
感谢	214 105	高频	be willing	4 311	高频
愿意	185 555	高频	be afraid	2 614	高频
小心	129 167		approve of	1 463	
担心	128 515		be grateful	979	
思考	115 662		hold out	955	
害怕	98 420		get angry	775	
生气	86 133		be thankful	477	
失望	68 993		think over	193	
热爱	40 148	低频	lose hope	102	低频
感激	37 624	低频	feel anxious	75	低频
赞成	22 683	低频	think deeply	39	低频
盼望	14 745	低频	love ardently	0	低频

实验（一）：该实验旨在考察汉语心理动词程式语语音表征特点。实验材料由表 8.1 中 14 个汉语心理动词程式语拓展而成，共包括 70 对由启动词和目标词组成的词对，涵盖三种启动条件：①语音启动：用表 8.1 中的程式短语作目标词，用与它声母韵母一致、读音相似但词形不同的双字假词作启动词，启动词与目标词笔画匹配，这一条件是本章考察的核心；②无关启动：目标词与条件 1 相同，但启动词为语音无关启动，在这一条件中，启动词与目标词在读音和语义上均没有关系；③干扰启动：用一干扰假词去启动另一无意义目标假词。具体实验材料设计是在参照 Frenck-Mestre 和 Prince（1997）第一个启动实验及陈宝国和彭聃龄（2001）汉语双字词启动实验的基础上修改而成。三种条件采用被试内设计，并对材料分组进行拉丁方分配，同一启动词或目标词对每一被试只呈现 1 次。语音启动条件和实验材料示例见表 8.2。

实验（二）：该实验旨在考察英语心理动词程式语语音表征特点。实验材料由表 8.1 中 14 个英语心理动词程式语拓展而成，启动条件及材料构成方法与实验（一）相似。不同之处在于，语音启动条件下，启动词中两个单词的首字母及单词中元音字母或字母组合与目标词发音相似但拼写不同，启动词与目标词字母数量和音节数量匹配。语音启动条件和实验材料示例见表 8.2。

表 8.2　汉英心理动词程式语语音启动条件及实验材料示例

启动条件	实验材料示例	
	实验（一）	实验（二）
语音启动	石忘—失望	luse houp—lose hope
无关启动	赚钱—失望	make money—lose hope
	回顾—失望	look back—lose hope
干扰启动	石忘—看观	luse houp—poot lotk
	望失—风漏	hope lose—up lift

8.3.4　实验程序

实验（一）：实验任务在 E-Prime 2.0 中呈现。刺激在 19 英寸 DELL 纯平显示器（分辨率为 1 280 × 1 024 像素）上呈现，颜色为黑底白字。程序启动后，电脑屏幕中央先呈现指导语，然后呈现 800 毫秒的“+”注视点；注视点消失后在同一位置呈现启动词，呈现时间为 500 毫秒；启动词消失后呈现 500 毫秒的“######”掩蔽刺激符号，接着呈现目标词（最长呈现时间为 3 000 毫秒），其位置和大小与启动词相同。被试仅对目标词真假进行判断，目标词在被试做出反应后消失，然后呈现下一组材料。所有被试在实验前都要进行充分练习，正确率达到 90%以上方可进入正式实验。所有实验材料随机呈现，被试完成全部实验时间为 5 分钟左右。

实验（二）：除指导语由各自母语编写之外，实验材料全部用英语呈现，其他程序与实验（一）相同。

汉英双语者需完成两个实验，英语本族语者只需完成实验（二）。为克服顺序效应对双语者的影响，一半被试先进行实验（一）后进行实验（二），另一半被试实验顺序相反。所有数据均由研究者以一对一的方法直接向被试采集。对英语本族语者的数据收集，由笔者之一在英国访学时完成。

8.3.5 数据处理

在数据统计中，删除被试判断错误的反应时数据及偏离同一位被试平均反应时 2.5 个标准差的反应时数据（涉及 19.63%的数据），然后采用 SPSS 19.0 处理，使用 Bonferroni 法对 p 值进行校正。

8.4 结果与讨论

8.4.1 英汉心理动词程式语语音表征特点

各组被试在不同启动条件下的平均反应时和语音启动效应量（单位均为毫秒）的统计结果见表 8.3，相关反应时和启动效应量分布见图 8.1 和图 8.2。

表 8.3　各组被试在不同启动条件下的平均反应时和语音启动效应量

实验组成	被试组别	语音启动反应时（M ± SD）	无关启动反应时（M ± SD）	干扰启动反应时（M ± SD）	语音启动效应量（M ± SD）
实验（一）（汉语）	G1	613.45（122.52）	633.91（138.44）	806.85（144.19）	20.46（75.24）
	G2	589.29（52.81）	599.15（72.12）	786.15（118.39）	9.86（49.31）
	G3	598.00（97.61）	600.50（87.27）	803.24（146.34）	2.49（68.68）
实验（二）（英语）	G1	759.52（142.02）*	754.35*（107.11）	979.07*（158.90）	-5.17（104.04）
	G2	745.28（84.58）	767.52*（97.64）	961.74*（156.55）	22.25（69.39）
	G3	763.59（142.70）*	781.73*（120.39）	959.41*（159.85）	18.15（65.79）
	G4	682.23（142.25）	699.42（116.33）	824.58（140.26）	17.19（81.49）

*表示双语组与英语本族语组在 0.05 水平段上差异显著，下同；

注：语音启动效应量=无关启动反应时-语音启动反应时；M 表示平均值（mean），SD 表示标准差（standard deviation）

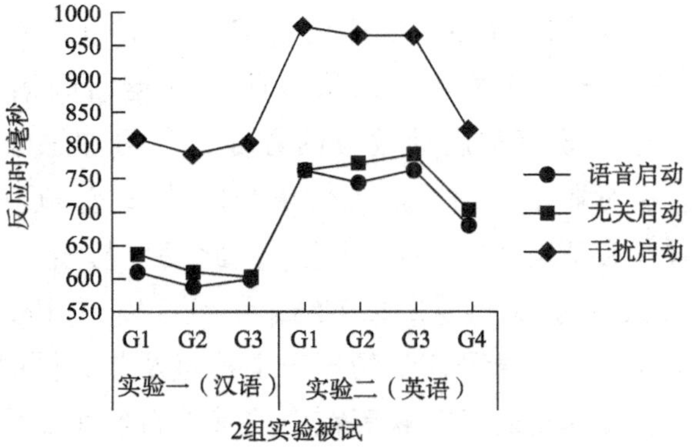

图 8.1　各组被试平均反应时

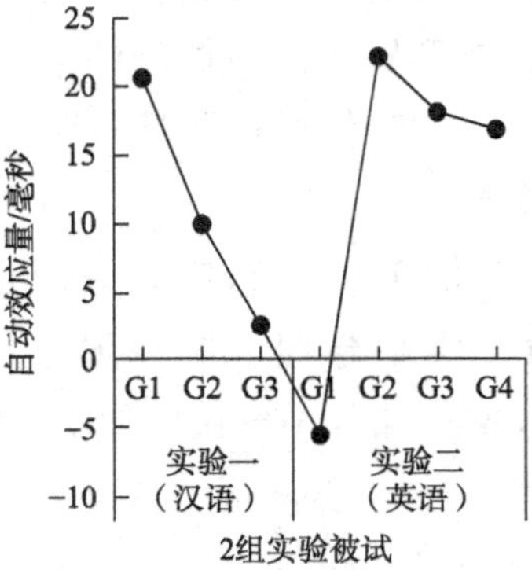

图 8.2　各组被试平均语音启动效应量

汉英语内三种启动条件下反应时重复测量方差分析结果显示：汉语启动条件显著，$F(2, 358)=437.11$，$p<0.001$；英语作为二语启动条件显著，$F(2, 358)=436.49$，$p<0.001$；英语作为本族语启动条件显著，$F(2, 118)=100.86$，$p<0.001$。汉英语内三种不同启动条件反应时之间均有显著性差异，语音启动快于无关启动和干扰启动，无关启动快于干扰启动。结果表明，汉英语音启动效应显著，语内语音表征均表现为“整体通达”，而非“分解通达”。

双语者汉语和英语语间语音启动反应时及启动所产生的效应量配对样本 t 检验结果显示：反应时差异显著，$t(179)=-17.96$，$p<0.05$，汉语语音启动反应显著较快，加工效率显著高于英语；启动效应差异不显著，$t(179)=-0.10$，$p>0.05$，汉语语音启动效应量相对较小，启动效应弱于英语，但差异并不显著。结果表明，汉英语间语音表征存在差异，主要体现在加工效率和启动效应两方面，一语加工效率显著高于二语，但启动效应相对弱于二语，加工效率和启动效应呈反向发展趋势。

汉英语内语音表征均为“整体通达”，此发现与相关研究（Cutler, 2008；詹宏伟，2012；钟志英，2015）结果一致，以 Cutler 为代表的研究者们认为，语音包含其自身语言学物理声学特点及与其同时出现的诸如词汇形态特征、词汇长度及语音关联等在内的其他自然生态语境属性，一旦与语音相关的特征属性在学习者心理词库中被激活，与该语音相关的其他自然属性便同时得到激活并成功实现听觉整体提取。本章表明，无论汉语程式语还是英语程式语，在形异音似前提条件下，都可以实现整体提取，从而为自然生态语境中语音“整体通达”具有跨语言普遍性提供了来自视觉掩蔽启动范式的实证支持。

汉英语间语音表征在加工效率和启动效应两个方面呈反向发展趋势，这一结果看似矛盾，实则合理。这一现象可以运用注意的双加工理论来进行解释。Schneider 和 Shiffrin（1977）提出，注意的双加工理论指人类的两类认知加工：自动化加工（automatic processing）和受意识控制的加工（controlled processing），自动化加工不受认知资源的限制，不需要注意，是自动化进行的。自动化加工发生比较快，形成之后加工过程较难改变。受意识控制的加工受认知资源的限制，需要注意的参与，随环境或新异刺激的变化而不断进行调整。对双语者来讲，由于一语是母语，自动化加工参与程度自然较强，从而使得一语语音加工负担得以减轻，一语语音加工效率得以提高；同时，自动化加工也会因注意程度降低这一缺点而使得被试对语音启动刺激间差异缺乏足够敏感性而降低启动效应的产生。相对而言，双语者二语加工的自动化程度较低，受意识控制加工占主导地位，需要更多注意参与，从而导致二语加工效率降低，但与此同时，被试对二语语音启动刺激间特征的差异因注意程度高而比较敏感，所以产生了较高强的启动效应。

8.4.2　双语者二语水平和词频对汉英心理动词程式语语音表征的影响

表 8.4 是不同水平组被试在语音启动条件下高、低频词平均反应时及各自启动效应量的统计结果，各水平组平均语音启动效应量分布见图 8.3。

表 8.4　各组被试在语音启动条件下高、低频词平均反应时及启动效应量

实验组成	组别	高频词反应时（M ± SD）	高频词启动效应量（M ± SD）	低频词反应时（M ± SD）	低频词启动效应量（M ± SD）
实验（一）（汉语）	G1	588.96（123.92）	44.95（114.45）	667.83（149.73）	−33.93（111.35）
	G2	580.24（77.99）	18.91（71.37）	631.57（95.46）	−32.43（87.53）
	G3	595.74（116.29）	4.76（101.24）	644.05（140.34）	−43.55（103.54）
实验（二）（英语）	G1	680.93（188.91）	73.42（173.56）	856.04*（195.12）	−101.69（176.56）
	G2	715.12（118.36）	52.40（111.08）	787.57（121.93）	−20.05（116.24）
	G3	702.76（152.30）	78.98（105.97）	792.15（199.39）	−10.41（136.69）
	G4	665.49（155.51）	33.91（104.74）	750.31（212.66）	−50.89（173.14）

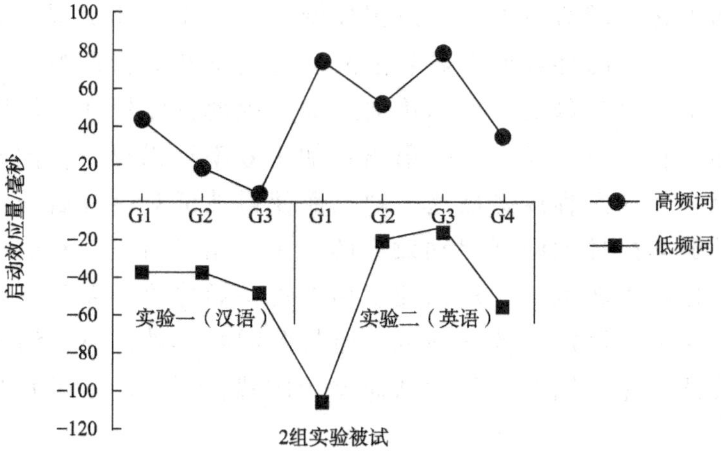

图 8.3　各组被试不同词频条件下平均语音启动效应量

三组双语者被试语内语音启动效应 One-Way ANOVA 方差分析显示：汉语组间差异不显著，$F(2, 177)=1.15$，$p>0.05$，二语水平对汉语表征没有显著影响；英语组间差异不显著，$F(2, 177)=1.97$，$p>0.05$，二语水平对英语表征没有显著影响；增加英语本族语对照组，组间差异依然不显著，$F(3, 236)=1.38$，$p>0.05$，英语作为母语和二语对语音表征均没有显著影响。结果表明，双语者二语水平对汉英语内语音表征都有一定影响，但均不显著。除此之外，非本族语和英语本族语差异对英语语音表征也无显著影响。

汉英语内高频词和低频词启动效应配对样本 t 检验结果显示：汉语低频词出现了负启动效应，低频词的抑制作用大于高频词的促进作用（$M_{高频词}=22.87$，$SD_{高频词}=98.25$；$M_{低频词}=-36.63$，$SD_{低频词}=100.85$），二者差异显著，$t(179)=6.80$，$p<0.05$；英语低频词也出现了负启动效应，但相对来讲，低频词的抑制作用小于高频词的促进作用（$M_{高频词}=68.27$，$SD_{高频词}=133.52$；$M_{低频词}=-44.05$，$SD_{低频词}=150.25$），且两者差异显著，$t(179)=8.25$，$p<0.05$。结果表明，词频对语音表征具有显著影响，汉英低频词均表现出了显著的负启动效应。

双语者二语水平和汉语词频条件之间的交互效应不显著，$F(2, 177)$

=1.45，$p > 0.05$；双语者二语水平与英语词频条件之间的交互效应显著，$F(2, 177) = 3.10$，$p < 0.05$。进一步简单效应分析显示，英语低频词条件下，G2 启动效应小于 G1（$t(118) = -2.99$，$p < 0.05$），G3 启动效应小于 G1（$t(118) = -3.17$，$p < 0.05$），双语者二语水平显著影响了低频词的语音表征。这表明，双语者二语水平和二语词频条件有显著交互作用，二语水平显著影响二语低频词语音表征特点。

双语者二语水平对汉英程式语语音表征均有一定影响，且对二语影响较大。从图 8.2 启动效应变化趋势看，一语语音启动效应呈直线式缓慢下降，这一发现进一步证实，语言输入与使用对语言知识表征与激活有直接影响（Bybee，2006），母语大量输入与使用使语音加工的自动化程度越来越高，对启动刺激差异敏感性越来越“钝化”，从而导致启动效应逐渐下降。与此同时，二语启动效应呈现出不规律的“先升后降”趋势，中级水平阶段启动效应量最大，达到峰值，其后便缓慢下降，慢慢接近类母语者水平，这一结果与潘颖和盖笑松（2013）发现中国学生英语语音意识加工技能呈前期迅速增长后期平缓发展的研究结果一致。这些结果很可能表明，双语者对目标语语音判断识别在二语知识积累到中级水平阶段后会产生类似的“天花板效应”（Papafragou，Cassidy & Gleitman，2007），过了这一特殊阶段后，语音意识敏锐性渐渐下降，慢慢接近或达到类母语者水平。

词频对汉英语内语音表征皆有影响，高频词与低频词启动效应差异显著，这一发现与 Fiez 等（1999）、陈宝国和彭聃龄（2001）研究结果类似，不同之处在于本章中不仅两类词启动效应差异显著，尤为值得注意的是，无论是一语还是二语低频词都出现了显著的负启动效应。负启动效应（negative priming）指被试对目标刺激的反应慢于无关刺激或干扰刺激，反映了注意的内在激活和抑制机制（Tipper & Cranston，1985）。负启动效应的产生与被试对目标刺激的熟悉度紧密相关（付馨晨、李晓东，2015）。低频词条件下，由于被试对目标刺激的熟悉程度相对降低，自动化加工优势受到限制，在启动任务中，被试不仅需要将注意力更多地放在启动刺激间差异的辨认上，还需要及时抑制无关及干扰刺激的影响，从而导致低频词语音表征出现了显著的负启动效应。本研究结果表明，在汉英程式语语音表征方面，低频词语音加工需要更多的注意成本，启动所产生的抑制作用表现显著。

此外，二语水平和词频产生交互作用，共同影响二语低频词语音表征；在低频词条件下，G1、G2、G3 的负启动效应依次减弱。这说明，二语低水平阶段是语音表征发生变化的关键时期，在这一时期，学习者会大量有意识地关注语音的各种差异和变化，该阶段是语音意识和语音技能发展的黄金时期，此时，二语学习者和教师应针对性增加大量语音输入和练习，尤其增强低频词的接触和学习，有效促进二语语音知识表征全面发展。

8.4.3 英汉心理动词程式语语音表征相互关系与相互作用

双语者被试在语音启动条件下加工效率的整体性描述（表 8.3）显示，一语加工效率高于二语（$M_{一语}$=600.25，$SD_{一语}$=95.44；$M_{二语}$=756.13，$SD_{二语}$=125.62）。Pearson 积差相关分析表明，二者呈显著相关关系（r=0.473，p < 0.001），汉英语音表征总体显著相关。二语低、中、高不同水平组组内一语与二语加工效率 Pearson 相关系数分别为 0.242（p=0.062，边缘显著）、0.571、0.738，均在 0.001 水平上显著相关，一语与二语心理动词程式语语音表征随二语水平提高而逐渐表现为稳定的显著相关关系。上述结果与相关研究（Klein et al.，1995；Kartushina，Frauenfelder & Golestani，2016；倪传斌等，2010；孟迎芳等，2016）结果一致，肯定了双语加工过程中目标语与非目标语语音表征可以相互激活的观点，并提供了来自程式语语音表征的实证支持。

以英语语音加工反应时为协变量，通过协方差分析发现，二语对一语语音加工产生显著影响[F（1，176）=50.47，p < 0.001]，决定系数 R^2 为 0.231，说明“二语”可显著解释、预测“一语语音表征”23.1%的方差。反过来，以汉语语音加工反应时为协变量，结果显示，一语对二语语音加工也产生了显著影响[F（1，176）=50.43，p < 0.001]，决定系数 R^2 为

0.226，说明“一语”可显著解释、预测“二语语音表征”22.6%的方差。相较之下，二语以大于一语 0.5%（23.1%~22.6%）的作用力占微弱优势，这与杨枫和吴诗玉（2015）、孟迎芳等（2016）发现母语影响力占据优势地位的结论不一致。这一结果或许可以从如下角度进行解释：其一，汉语作为一种表意文字，形音义激活的时序为字形—字义—字音，语音激活发生在字义通达之后（陈宝国、彭聃龄，2001；郭桃梅等，2005），英语是拼音文字，语音编码能力是语言信息加工的核心认知能力，语音激活通常发生在信息加工的初期阶段（Dornyer & Skehan，2003），英语语音编码优势在程式语语境中体现程度可能更为明显；其二，本章中语音启动刺激与目标刺激形似音异，语义相关程度不高，语义加工所带来的混淆在一定程度上得到了较好的控制，语音启动效应具有相对纯粹性，本研究结果可能更真实地反映了双语语音表征的本质特点；此外，相关研究（周晓林等，2008；李景娜、王遥，2015）发现，语言经验可以改变包括语音表征在内的双语表征方式，从而使得第二语言有可能取代母语而上升为主导语言。综合上述因素，汉英双语者出现 L2—L1 而非 L1—L2 方向的微弱优势也就得到了比较合理的解释。不过，总体来看，一语和二语对彼此语音表征的解释力仅各占 23%左右，尚有绝大多数因素未得到解释。这些未知因素到底有哪些，如何解释这一语言现象是双语语音表征需要进一步思考和解决的问题。

8.5 小　　结

本章使用视觉掩蔽启动范式从表征特点、影响因素和相互作用三方面考察了汉英双语者一语和二语语义概念相对应的心理动词程式语语音表征特点，得出如下结论：第一，汉英语内语音表征均表现为稳定的“整体通达”，语间语音表征在加工效率和启动效应方面不同，一语加工效率显著高于二语，但启动效应相对弱于二语。第二，双语者二语水平和词频对汉英程式语语音表征均有影响，其中，词频影响尤为明显，低频词表现出显著的负启动效应。第三，一语和二语语音表征在双语者心理词库中显著相关，二语作用力具有微弱优势。

研究结论对我国二语语音教学具有启示作用。在课堂教学中，教师应强化学习者的语音意识，将语音意识训练和语言技能学习发展放到同等重要的位置，开展系统的语音知识教学和规范的语音意识技能训练，尤其是抓住二语学习初级阶段这一语音发展的黄金时期，引导学习者加强对自然生态语境中低频程式语语音的关注，进而全面提高学生的英语语音意识技能、口语表达能力、听力理解能力及相关语言技能。

限于研究方法的选择，本章未能对双语者语音加工机制和加工方式进行多角度考察和验证，今后可采用 ERP、fMRI 等神经认知和脑成像科学技术手段采集更为精准的生理脑电数据进行研究，拓宽双语语音加工及表征研究领域。

第 9 章

英汉心理动词程式语语符逆序表征对比

9.1 引　　言

本章运用掩蔽启动范式，从表征特点、影响因素和相互作用三方面考察了汉英双语者心理动词程式语语符逆序表征的特点，本章的程式语特指汉英双字/词。结果显示：汉英语内语符逆序表征均为“整词语义通达”，语间语符逆序表征在加工效率和启动效应方面不同，一语加工效率显著高于二语，但启动效应显著弱于二语；双语者二语水平和词频对汉英语符逆序表征均有影响，尤其对二语影响显著，中级水平阶段是二语逆序表征发生重大质变的关键期；汉英语符逆序表征在双语者心理词库中显著相关；汉语作为母语在相互干扰和影响方面具有微弱优势。

9.2 研 究 背 景

心理动词是描述人们心理活动或心理状态的一类词，包括心理活动动词和心理状态动词。这类词与行为动词不同，拥有独特的加工区域（Tomasino，Fabbro & Brambilla，2014；Volta et al.，2014；Andres et al.，2015；张钦等，2004），具有一定抽象性和复杂性，较难习得（Hartshorne et al.，2010；Cheung & Larson，2015；Epoge，2015；胡文飞、章宜华，

2011）。已有研究主要集中在概念语义范畴分类（张积家、陆爱桃，2007；李秋杨，2014）、句法语义知识表征方式（Levin，1993；Pesetsky，1995；戴曼纯、刘晓英，2008；赵静、王同顺，2016）及短语心理表征特点（王云、贾冠杰，2017），而未见从语符逆序加工角度研究其表征特点，也未有汉英语符逆序表征对比研究。

语符逆序指语言符号位置信息的前后颠倒，其特点为研究词汇识别内在机制及表征特点提供了有力证据。“语符逆序加工”源于西方学者对拼音文字单词内字母位置信息加工的研究。Rawlinson（1976）提出了字母移位，发现单词中间字母的随意排序对熟练阅读者理解文本的影响很小，这种现象也称作逆序效应或字母位置颠倒效应。就语符逆序现有研究来看，国外研究（Perea & Lupker，2003；Carreiras，Vergara & Perea，2007；Perea，Palti & Gomez，2012）主要通过ERP技术对特定单词内部某些字母顺序（通常是两个字母的顺序）的颠倒来考察人们对语符逆序的认知特征，国内研究（彭聃龄等，1999；丁国盛、彭聃龄，2006；卞迁、崔磊、闫国利，2010；刘晓环、王军，2016）则多运用眼动实验等方法探讨汉字位置颠倒的双字词加工特点，结果发现汉字位置颠倒与英语字母位置颠倒的认知和加工特征非常相似。

针对汉语双字词和英语中相应的语符逆序表征特点，国内外学者均进行过相关探讨。汉语方面，彭聃龄等（1999）、丁国盛和彭聃龄（2006）运用启动范式调查发现汉语双字词的通达表征可以由组成双字词的单个语符单元激活，语符单元对目标词整词通达具有促进作用；卞迁、崔磊和闫国利（2010）、刘晓环和王军（2016）通过眼动技术证实汉语双字词加工的确存在语符位置颠倒效应，双字词的逆序形式对其正序形式目标整词识别具有促进作用。英语方面，尚未发现与汉语双字词直接对应的双词逆序表征研究，类似研究有Crepaldi、Rastle和Davis（2010）、Beyersmann、Castles和Coltheart（2011）、Zargar和Witzel（2016）等运用掩蔽启动范式，对组成派生词或屈折词的词素进行位置前后颠倒的词素逆序表征研究，结果发现词素位置颠倒与字母位置颠倒在本质上具有相似逆序效应，其逆序形式对正序形式目标词整体语义识别均产生了显著促进作用。

从逆序表征研究的逻辑顺序来看，字母逆序表征研究是起源，词素逆序表征是对前者的拓展和延伸，整词逆序表征则是字母和词素逆序表征的更进一步发展。遗憾的是，国外研究目前尚未有专门针对整词位置颠倒的逆序表征研究，其难点可能与词汇间关系的复杂性有关。关于双词词间关系，Huber 和 O'Reilly（2003）曾从神经生物学角度提出了视觉神经系统惯性适应（neural habituation）观点，认为相邻词汇之间的关系主要与视觉神经系统有关，词间关系解析和相互启动所需时间很大程度上取决于视觉神经的习惯化程度。在此基础上，Rieth 和 Huber（2017）基于双词重复启动、关联启动和语义启动等实验结果，提出了神经网络层级表征观点，认为相邻词汇之间关系解析和相互启动主要包括视觉输入层、正字法拼写层和词汇-语义层三个不同阶段，较为复杂。

由此可见，对英语双词整词逆序表征还缺乏研究，对汉英双语者语符逆序表征也缺少直接对比，大多是单语表征研究，其结论难以直接反映两种语言在逆序表征方面的异同；另外，对逆序表征的影响因素，除 Perea、Rosa 和 Gómez（2005）和卞迁、崔磊和闫国利（2010）发现词频是一个不可忽视的重要因素之外，其他因素还缺乏深入探讨。针对心理动词语符单元逆序加工和启动效应进行研究将有助于更好了解逆序表征的本质特点，丰富语符位置颠倒对双语表征影响的现有成果。鉴于此，本章选取概念语义相对应的汉英心理动词双字/词，采用掩蔽启动范式，从表征特点、影响因素和相互作用三方面对汉英双语者心理词库中两种语符逆序表征特点进行对比分析。

9.3 研究设计

9.3.1 研究问题

1）汉英心理动词双字/词语符逆序表征有何异同？

2）双语者二语水平和词频是否对汉英心理动词双字/词语符逆序表征

产生影响？如产生，有何影响？

3）双语者心理词库中两种语言语符逆序表征的相互关系如何？二者在相互影响和干扰方面，哪种语言的作用力更大一些？

9.3.2 被试

实验（一）包括 180 名被试，分别为江苏某高校尚未通过 CET-4 的大一新生 60 名（以下简称 G1，本章将其界定为英语低水平组）、通过 TEM-4 的英语专业三年级学生 60 名（以下简称 G2，为英语中水平组）和通过 TEM-8 的英语专业硕士和博士研究生 60 名（以下简称 G3，为英语高水平组）。

实验（二）包括 240 名被试，其中前 180 名同实验（一），后 60 名为英语本族语学习者，均为英国兰卡斯特大学一、二年级英语语言学专业在校大学生（以下简称 G4，为对照组）。

9.3.3 实验设计与材料

实验（一）采用 3×3 双因素混合设计，两个因素分别为组别（二语水平低、中、高）和启动条件（逆序、无关、干扰）；实验（二）采用 4×3 双因素混合设计，两个因素分别为组别（二语水平低、中、高和英语本族语组）与启动条件[同实验（一）]；两个实验的因变量均为被试在不同启动条件下的反应时和启动效应量。

实验材料为 14 组语义概念相对应的汉英心理动词双字/词（表 9.1）。汉语材料以张积家、陆爱桃（2007）界定的 80 个汉语心理动词为基本框架，以《汉英大辞典》（2010）和《汉英字典》（2010）为依据，选择两个词典中共同出现且兼类词程度较低的 14 个双字词短语。英语材料则采用上述两个词典释义中一致认可的双词短语翻译（见附录 2）。

为考察词频效应，本章分别以 2016 北京语言大学现代汉语在线语料库（BCC，总字数约 150 亿）和 2016 美国当代英语语料库（COCA，总字数约 4.5 亿）为依据，将 14 个短语按从高到低的词频顺序进行排列，前后各取 25%作为高频和低频短语。

表 9.1 汉英心理动词双字/词实验材料

汉语	词频（BCC）	分界	英语	词频（COCA）	分界
支持	597 611	高频	take care	13 526	高频
考虑	272 000	高频	hope for	5 076	高频
感谢	214 105	高频	be willing	4 311	高频
愿意	185 555	高频	be afraid	2 614	高频
小心	129 167		approve of	1 463	
担心	128 515		be grateful	979	
思考	115 662		hold out	955	
害怕	98 420		get angry	775	
生气	86 133		be thankful	477	
失望	68 993		think over	193	
热爱	40 148	低频	lose hope	102	低频
感激	37 624	低频	feel anxious	75	低频
赞成	22 683	低频	think deeply	39	低频
盼望	14 745	低频	love ardently	0	低频

实验（一）：该实验旨在考察汉语心理动词双字词语符逆序表征特点。实验材料由表 9.1 中 14 个汉语心理动词双字词拓展而成，共包括 70 对由启动词和目标词组成的词对，涵盖三种启动条件：①逆序启动：用正序双字词作目标词，用它的逆序形式作启动词，这一条件是本章考察的核心；②无关启动：目标词与条件①相同，而启动词为无关启动，在这一条件中，启动词与目标词语义上没有关系；③干扰启动：用一干扰词去启动另一无意义目标词。具体实验材料设计是在参照 Frenck-Mestre 和 Prince（1997）第一个启动实验及丁国盛、彭聃龄（2006）双字词逆序启动实验基础上修改而成。三种条件采用被试内设计，并对材料分组进行拉丁方分配，同一启动词或目标词对每一被试只呈现 1 次。语符逆序启动条件和实验材料示例见表 9.2。

实验（二）：该实验旨在考察英语心理动词双词语符逆序表征特点。实验材料由表 9.1 中 14 个英语心理动词双词短语拓展而成，启动条件和材料构成方法与实验（一）相同。语符逆序启动条件和实验材料示例见表 9.2。

表 9.2 汉英心理动词双字/词语符逆序启动条件及实验材料示例

启动条件	实验材料示例	
	实验（一）	实验（二）
逆序启动	心担—担心	anxious feel–feel anxious
无关启动	提出—担心	bring up–feel anxious
	拿走—担心	take away–feel anxious
干扰启动	丹辛—柴砍	feal anxious–over spreade
	心担—活复	anxious feel–kuarrel with

9.3.4 实验程序

实验（一）：实验程序在 E-Prime 2.0 中呈现。首先在电脑上呈现刺激，颜色为黑底白字。实验开始后，电脑屏幕中央先呈现指导语，然后是 800 毫秒的"+"注视点；注视点消失后在同一位置呈现启动词，其时间为 500 毫秒；启动词消失后呈现 500 毫秒的"######"掩蔽刺激符号，接着是目标词（最长时间为 3 000 毫秒），其位置和大小与启动词相同。被试仅对目标词进行判断，目标词在被试做出反应后消失，然后呈现下一组材料。所有被试在实验前都要进行充分练习，正确率达到 90%以上方可进入正式实验。所有实验材料随机呈现，被试完成全部实验时间约为 5 分钟。

实验（二）：除指导语由各自母语编写之外，实验材料全部用英语呈现，其他程序与实验（一）相同。

汉英双语者需完成两个实验，英语本族语者只需完成实验（二）。为克服顺序效应对双语者的影响，一半被试先进行实验（一）后进行实验（二），另一半被试实验顺序相反。所有数据均由研究者以一对一的方法直接向被试采集。对英语本族语者的数据收集，由笔者之一在英国访学时完成。

9.3.5 数据处理

在数据统计中，删除被试判断错误的反应时数据及偏离同一位被试平均反应时 2.5 个标准差的反应时数据（涉及 12.87%的数据），然后采用 SPSS 19.0 处理，使用 Bonferroni 法对 p 值进行校正。

9.4 研究结果

9.4.1 英汉心理动词程式语语符逆序表征特点

各组被试在不同启动条件下的平均反应时和逆序启动效应量（单位均为毫秒）的统计结果见表 9.3，各水平组平均反应时和平均逆序启动效应量分布见图 9.1 和图 9.2。

表 9.3　各组被试在不同启动条件下的平均反应时（ms）和逆序启动效应量

实验组成	组别	逆序启动反应时（M ± SD）	无关启动反应时（M ± SD）	干扰启动反应时（M ± SD）	逆序启动效应量（M ± SD）
实验（一）（汉语）	G1	585.10（89.22）	633.91（138.44）	806.85（144.19）	48.80（95.13）
	G2	561.43（47.25）	599.15（72.12）	786.15（118.39）	37.71（53.89）
	G3	569.05（79.08）	600.50（87.27）	803.24（146.34）	31.45（48.00）
实验（二）（英语）	G1	705.07（97.87）	754.35*（107.11）	979.07*（158.90）	49.28（78.75）
	G2	693.57（80.02）	767.52*（97.64）	961.74*（156.55）	73.95*（71.17）
	G3	727.84*（128.48）	781.73*（120.39）	959.41*（159.85）	53.89（64.83）
	G4	661.98（118.93）	699.42（116.33）	824.58（140.26）	37.43（71.72）

*表示双语组与英语本族语组在 0.05 水平段上差异显著

注：逆序启动效应量=无关启动反应时−逆序启动反应时

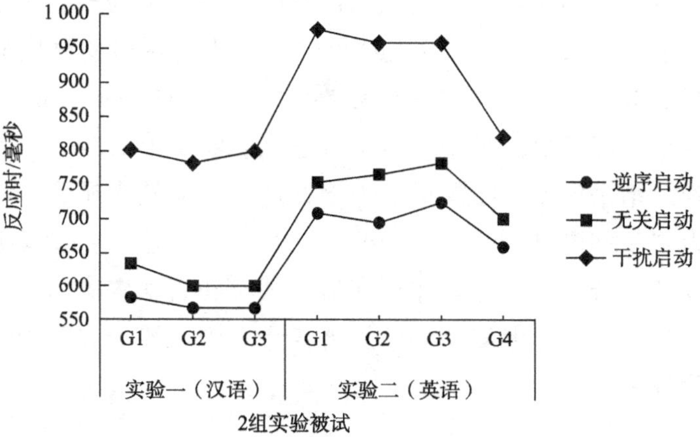

图 9.1　各组被试平均反应时

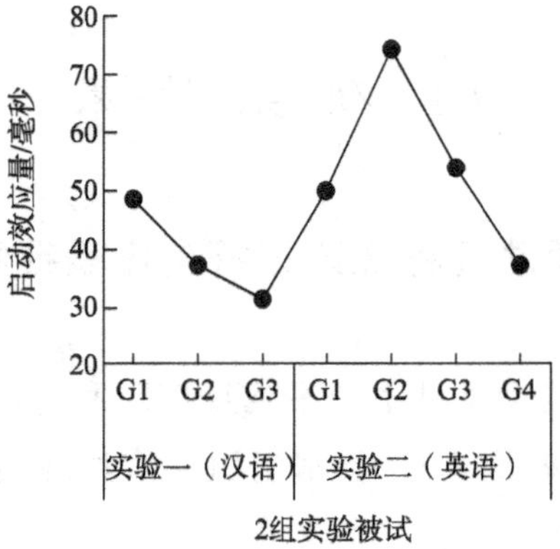

图 9.2　各组被试平均逆序启动效应量

为考察汉英语内语符逆序表征特点，对三种启动条件下的反应时进行重复测量方差分析，结果表明：汉语启动条件显著，$F(2, 358)=540.42$，$p<0.001$；英语作为二语启动条件显著，$F(2, 358)=624.37$，$p<0.001$；英语作为本族语启动条件显著，$F(2, 118)=140.68$，$p<0.001$。汉英语内三种不同启动条件反应时之间均有显著性差异，逆序启动快于无关启动和干扰启动，无关启动快于干扰启动。

为了解汉英语间语符逆序表征是否存在差异，对双语者汉语和英语逆序启动反应时及启动所产生的效应量进行配对样本 t 检验，结果表明，反应时差异显著，$t(179)=22.32$，$p<0.05$，汉语逆序启动反应显著较快，加工效率显著高于英语；启动效应差异显著，$t(179)=-2.61$，$p<0.05$，汉语逆序启动效应量显著较小，启动效应显著弱于英语。

上述统计结果说明：①汉英语内语符逆序启动效应显著，语内逆序表征均表现为“整词语义通达”，而非“词素分解通达”；②汉英语间语符逆序表征存在显著差异，主要体现在加工效率和启动效应两方面：一语加工效率显著高于二语，但启动效应显著弱于二语，加工效率和启动效应呈反向发展趋势。

9.4.2　双语者二语水平和词频对汉英心理动词程式语语符逆序表征的影响

表 9.4 是不同水平组被试在逆序启动条件下高、低频词平均反应时及各自启动效应量的统计结果，各水平组平均逆序启动效应量分布见图 9.3。

表 9.4　各组被试在逆序启动条件下高、低频词平均反应时（ms）及启动效应量

实验组成	组别	高频词反应时（M ± SD）	高频词启动效应量（M ± SD）	低频词反应时（M ± SD）	低频词启动效应量（M ± SD）
实验（一）（汉语）	G1	578.35（88.22）	55.56（111.18）	585.72（98.06）	48.19（114.73）
	G2	551.79（72.76）	47.36（71.15）	552.20（58.50）	46.94（75.58）
	G3	568.01（93.16）	32.49（65.07）	565.78（86.22）	34.71（76.84）
实验（二）（英语）	G1	681.09（157.21）	73.26（130.26）	791.31*（191.98）	−36.96（170.88）
	G2	665.31（127.32）	102.21*（116.71）	755.06（131.95）	12.46（116.27）
	G3	705.72（150.52）	76.02（109.29）	790.00*（192.15）	−8.27（135.16）
	G4	661.20（141.00）	38.22（94.03）	696.51（155.36）	2.91（129.44）

*表示双语组与英语本族语组在 0.05 水平段上差异显著

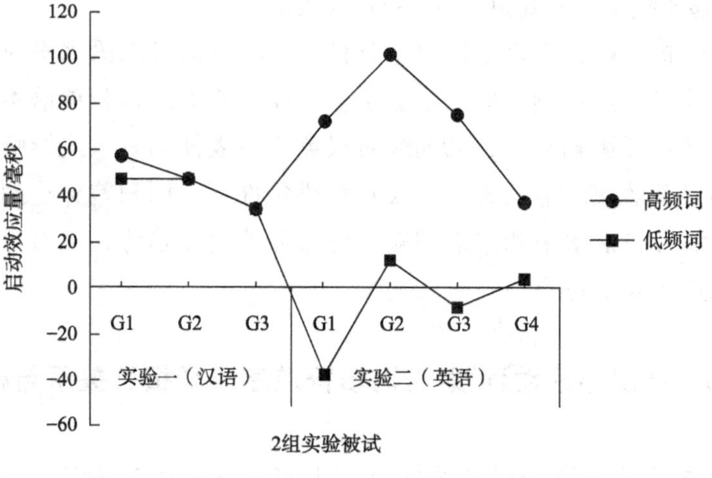

图 9.3　各组被试不同词频条件下平均逆序启动效应量

为探明二语水平对双语者汉英语内语符逆序表征的影响，对三组被试逆序启动效应进行 One-Way ANOVA 方差分析，结果表明：汉语组间差异不显著，$F(2, 177)=0.98$，$p>0.05$，二语水平对汉语表征没有显著影响；英语组间差异不显著，$F(2, 177)=2.00$，$p>0.05$，二语水平对英语表征没有显著影响；增加英语本族语对照组，组间差异显著，$F(3, 236)=2.69$，$p<0.05$，G2 中级水平组英语启动效应显著大于 G4 本族语组。

为了解词频对双语者汉英语内语符逆序表征的影响，对高频词和低频词启动效应进行配对样本 t 检验，结果表明：汉语高频词启动效应较强（$M_{高频词}=45.14$，$SD_{高频词}=85.03$；$M_{低频词}=43.28$，$SD_{低频词}=90.58$），但二者没有显著差异，$t(179)=0.30$，$p>0.05$；英语高频词启动效应较强（$M_{高频词}=83.83$，$SD_{高频词}=119.12$；$M_{低频词}=-10.92$，$SD_{低频词}=143.23$），且两者差异显著，$t(179)=6.83$，$p<0.05$。

双语者二语水平和汉语词频条件之间的交互效应不显著，$F(2, 177)=0.90$，$p>0.05$；双语者二语水平与英语词频条件之间的交互效应边缘显著，$F(2, 177)=2.74$，$p=0.068$；进一步简单效应分析发现，低频词条件下，G2 启动效应大于 G1（$t(118)=1.85$，$p=0.066$），差异边缘显著，表明双语者二语水平明显影响了英语低频词的语符逆序表征。

以上分析表明，语符逆序启动条件下：①双语者二语水平对汉英语内逆序表征都有一定影响，但均不显著。然而，非本族语和英语本族语差异对英语逆序表征影响显著；②词频对汉英逆序表征均有一定影响，汉英语内高频词启动效应普遍较强，但仅在英语条件下，词频差异达到了显著程度；③双语者二语水平和二语词频条件有显著交互趋势，二语水平影响二语低频词逆序表征特点。

9.4.3 英汉心理动词双字/词语符逆序表征相互关系与相互作用

双语者被试在逆序启动条件下加工效率的整体性描述（表 9.3）显示，一语加工效率高于二语（$M_{一语}=571.86$，$SD_{一语}=74.29$；$M_{二语}=708.83$，$SD_{二语}=104.46$）。Pearson 积差相关分析表明，二者呈显著相关关系（$r=0.622$，$p<0.001$），汉英语符逆序表征总体显著相关。二语低、中、高

不同水平组组内一语与二语加工效率 Pearson 相关系数分别为 0.520、0.553、0.783，均在 0.001 水平上显著相关，说明一语与二语心理动词双字/词语符逆序表征在双语者心理词库中表征为稳定的显著相关关系。

以英语逆序加工反应时为协变量，通过协方差分析发现，二语对一语逆序加工产生显著影响（F（1，176）=87.95，$p < 0.001$），决定系数 R^2 为 0.344，说明“二语”可显著解释、预测“一语逆序表征”34.4%的方差。反过来，以汉语逆序加工反应时为协变量，结果显示，一语对二语逆序加工也产生了显著影响（F（1，176）=87.99，$p < 0.001$），决定系数 R^2 为 0.350，说明“一语”可显著解释、预测“二语逆序表征”35%的方差。汉英语符逆序表征在双语者心理词库中相互影响和干扰方面，一语以大于二语 0.6%（35%—34.4%）的作用力占微弱优势。

9.5　讨　　论

9.5.1　英汉心理动词程式语语符逆序表征异同

汉英语内语符逆序表征均为“整词语义通达”，而非“词素分解通达”，此发现与彭聃龄等（1999）、丁国盛和彭聃龄（2006）以及张玲燕、田朝霞和金檀（2013）对汉语双字词逆序表征考察结果一致，说明“整词语义通达”是逆序语符的普遍表征，不受语系差异影响。根据张玲燕、田朝霞和金檀（2013）的观点，整词语义通达来自于语音、语义和字形三者的紧密结合。逆序词是三者的典型结合形式，构成逆序启动词的两个词素与其正序目标词在语音、语义和字形方面完全相同，只是位置不同，当逆序词作为启动刺激呈现时，人脑中激活的依然是其正序形式信息，从而促进了对目标刺激的识别。因此，无论何种语言，只要逆序启动刺激与目标刺激在语音、语义和字形方面三者高度关联，启动效应便会自然产生，其通达机制为整词语义信息启动。本章从汉英双字/

词逆序角度为“整词表征”提供了实证支撑。

汉英语间语符逆序表征在加工效率和启动效应方面均存在显著差异，一语加工效率显著高于二语，但启动效应却显著弱于二语，二者呈反向发展趋势，这一结果看似矛盾，实则合理。这与人们的思维惯性有关。所谓思维惯性，也称思维定势，指人们长期积累的思维经验和已有的思维规律在反复使用中形成的比较稳固、定型化了的思维走势（Bratianu，2007）。语言中的思维惯性与学习者对语言的熟悉程度密切相关，强大的惯性不仅逐渐熟练化为思维习惯，甚至深入潜意识，成为不自觉的、类似于本能的反应。惯性思维使人能够应用已积累的方法或经验迅速解决问题、提高工作效率，但在条件发生变化时，它也会导致人的思维产生“钝化”现象，对新事物或新条件缺乏敏感性。对双语者来讲，母语思维惯性会减轻一语加工负担，从而促进对一语逆序启动加工效率的提高；同时，也会因对启动刺激间的差异缺乏足够敏感性而降低启动效应。相对而言，由于双语者对二语不如一语熟悉，思维惯性尚未完全形成或固化，从而导致二语加工效率较低，但与此同时，被试对二语逆序启动刺激间特征的差异比较敏感，所以产生了较高的启动效应。

9.5.2 双语者二语水平和词频与汉英心理动词程式语语符逆序表征的关系

双语者二语水平对汉英语内语符逆序表征均有一定影响，且对二语影响较大；从图 9.2 启动效应变化趋势看，一语逆序启动效应呈直线式缓慢下降，这一发现进一步证实，语言输入与使用对语言知识表征与激活有直接影响（Diessel，2004；Bybee，2006），母语大量输入与使用会使惯性思维越来越固化，对启动刺激差异敏感性越来越“钝化”，从而导致启动效应渐趋下降。另外，二语启动效应呈现出不规律的“先升后降”趋势，中级水平阶段启动效应最大，是英语逆序表征发展变化的关键期，这表明，二语逆序启动效应的产生主要与双语者二语知识熟练程度和思维定式是否形成有关。G1 低水平学习者由于二语水平较低、知识缺乏，启动发生困难；G3 高水平学习者二语知识已达到较高水准、语言经验比较丰富（李利、莫雷、王瑞明，2011），已具备了较成熟的惯性思维，启动意识钝化；G2 正处于具有一定知识但尚未形成思维定式阶段，对启动刺激特征差异非常敏感，所以启动效应量最大。值得注意的是，G4 英语本族语者由于已具备熟练化的相应知识，惯性思维固化，所以启动效应低于二语者，这一点在 Y. C. Lin 和 P. Y. Lin（2016）的研究中也曾得到证实，表明非本族语与英语本族语差异对二语逆序表征的影响也不容小觑。

词频对汉英语内语符逆序表征均有影响，高频词启动效应普遍较强；在二语条件下，影响达到了显著程度，该发现与以往类似研究（Perea, Rosa & Gómez, 2005; Proverbio & Adorni, 2008; Lerner, Armstrong & Frost, 2014；卞迁、崔磊、闫国利，2010；吕行、施家炜，2016）结论一致，表明词频是影响词汇通达的重要因素。概念层面（也称语义层面）和词汇层面（指字形和发音）是语言表征的两个层面，高熟悉度词汇的通达表征为直接概念通达，低熟悉度词汇经由词汇层面间接概念通达，词汇表征通达的差异本质上是由词汇熟悉度造成的（李利、莫雷、王瑞明，2011；昂晨等，2016）。结合本章结果，词频对双语逆序表征产生影响的原因可归结如下：一语条件下，双语者无论对高频词还是低频词都达到了高度熟练化，启动激活均为概念意义直接通达，所以启动效应差异并不显著；二语条件下，双语者对高、低频词的熟悉程度相差较大，高频词逆序表征为概念意义直接通达，低频词逆序表征为词汇层面间接通达概念意义，从而导致两者启动效应差异显著。

此外，二语水平和词频产生交互作用，共同影响二语低频词逆序表征；在低频词条件下，G2 中级水平者比 G1 低水平者产生的启动效应显著较强。这一结果说明，低水平到中级水平这一过渡阶段是双语者整个二语词汇知识积累发生重大质变的关键期，因而，在这一时期，学习者应该有意识地增加大量语言输入和练习，尤其是增强低频词的接触和学习，促进二语词汇知识整体表征有效发展。

9.5.3 英汉心理动词程式语语符逆序表征相互作用

汉英语符逆序表征在双语者心理词库中显著相关，这一结果与以往结果（Moreno，Federmeier & Kutas，2002；Martin et al.，2009；李利、莫雷、王瑞明，2011；孟迎芳等，2016）一致，肯定了双语加工过程中目标语言与非目标语言语义概念均可以相互激活的观点（Dijkstra & van Heuven，2002；Sebastian-Galles，Rodriguez-Fornells & de Diego-Balaguer，2006），并提供了来自逆序表征的实证支持。在一语与二语相互干扰和影响方面，一语作用力仅具有微弱优势，这一结果与孟迎芳等（2016）发现L1—L2影响作用显著大于L2—L1的研究结论不一致。这种不一致可能与心理动词自身概念的特殊复杂性和逆序这种非正常语序的特殊考察方式有关。语符逆序作为一种非正常语序呈现方式，在限时任务中，由于时间紧，被试可能对一语和二语整体语义提取及区分产生了较大相互干扰与混淆，从而使得一语优势受到冲击或抑制，其作用难以得到发挥和体现。但总体来看，一语和二语对彼此语符逆序表征的解释力仅各占35%左右，尚有绝大多数因素未得到解释。这些未知因素到底有哪些，如何解释这一语言现象是跨语言干扰需要进一步思考和解决的问题。

9.6 小　　结

本章使用掩蔽启动任务从表征特点、影响因素和相互作用三方面考察了汉英双语者一语和二语语义概念相对应的心理动词双字/词语符逆序表征特点。结果表明，汉英语内语符逆序表征均表现为稳定的“整词语义通达”，语间语符逆序表征在加工效率和启动效应两方面具有显著差异，一语加工效率显著高于二语，但启动效应显著弱于二语；双语者二语水平和词频对汉英语内语符逆序表征均有一定影响，尤其在二语方面影响显著；一语和二语语符逆序表征在双语者心理词库中显著相关，一语作用力具有微弱优势。本章虽取得了一定突破，但仍有值得改进之处。首先，语言材料选取比较有限，未来研究可使用一般行为动词、名词或形容词等对语言材料进行丰富；其次，限于客观条件，未能对学习者大脑内部加工机制和方式进行多角度探索与验证，今后可采用 ERP、fMRI 等神经认知技术采集更为精准的生理脑电数据进行研究，以拓宽双语加工及表征研究领域。

第 10 章

英语程式语心理表征模式

本章考察中国英语学习者对程式语的心理表征模式。学习者完成自定步速逐词阅读和逐句阅读两项实验。根据总体英语水平，将学习者分为中等水平和高水平两组受试。研究采用 2×2 混合实验设计。研究结果表明：高水平组以整体形式表征程式语，中等水平组既以整体形式又以分析性形式表征程式语；程式语结构的完整性没有影响两组被试对程式语的心理表征模式。

10.1 引　　言

程式语指的是一种使用频率较高、结构较完整、语义/功能较明确的多词单位。心理表征是信息或知识在头脑中的呈现方式，是用于解释认知过程的一个重要概念，是信息或知识在心理活动中的表现和记载的方式。表征是外部事物在心理活动中的内部再现，它一方面反映客观事物，代表客观事物，另一方面又是心理活动进一步加工的对象。近年来，程式语受到了越来越多的关注与研究。无论是在语料库语言学、心理语言学还是在语言习得研究领域，学者们都在探讨和研究程式语。研究的问题涉及程式语的形式特征与功能分类、加工形式与表征模式、习得程度与使用情况等问题。许多程式语研究是基于语料库的描述性研究，或是基于语言习得的应用性研究，从心理语言学视角研究程式语的则要少得多。在已有的研究中，有的研究二词搭配（Sosa & MacFarlane，2002；李红、缪道蓉，2009；Millar，2011）；有的研究二项式短语（binominal expressions）

（Siyanova，Conklin & van Heuven，2009；詹宏伟、宋慧娜，2012）；有的研究习语（Conklin & Schmitt，2008；张辉，2006）；有的研究词束（lexical bundles）（Schmitt，Grandage & Adolphs，2004；Jiang & Nekrasova，2007；Tremblay，2009；Tremblay & Baayen，2010）；还有的既研究习语又研究词束（Schmitt & Underwood，2004；Underwood，Schmitt & Galpin，2004）以及相关的综述性研究（黄四宏、詹宏伟，2011）。此外，已有的研究多数是以本族语者和生活在国外的高水平学习者为研究对象的，而针对中国英语学习者的研究则相对较少。国内学者李红和缪道蓉（2009）考察了程式语的频率以及学习者的二语水平是否影响程式语在学习者二语心理词库中的整体表征和提取。詹宏伟和宋慧娜（2012）研究了二项式短语及其变体的加工，以及学习者的语言水平对该加工的影响。王云和贾冠杰（2017）对英汉心理动词短语心理表征进行了对比研究，王云和刘新芳（2018）研究了英汉心理动词程式语语音表征的异同。

本章以中国学习者为研究对象，考察他们对较高频率程式语的在线加工形式，并据以推断此类程式语在中国英语学习者心理词库中的表征模式。本章通过两项自定步速阅读实验（self-paced reading）回答以下两个问题：

（1）不同水平的英语学习者对较高频率程式语的表征模式是怎样的？即他们是以整体形式还是以分析性形式（抑或是两种形式兼而有之）表征此类程式语的？

（2）程式语结构的完整性是否会对不同水平英语学习者的心理表征模式产生影响？如果有，这种影响是怎样的？

10.2　实验一：自定步速逐词阅读实验

10.2.1　受试

苏州某本科院校英语专业二年级学生（中等水平组）和某本科高校英

语专业研究生（高水平组）参与了本实验。其中，中等水平组被试 36 名，全部为女性，其年龄均在 19 岁到 23 岁之间，在参与本实验时均未参加过英语专业四级考试；高水平组被试 36 名，其中女性 30 名，男性 6 名，其年龄均在 29 岁到 46 岁之间，在参与本实验时均已取得硕士学位。他们均习惯于通过右手操作事物，且视力或纠正视力都属正常范围。

10.2.2 材料与设计

实验材料由 20 个含有程式语的句子和 20 个含有非程式语的句子所组成，其中，有 10 个程式语选自相关研究（Schmitt，Grandage & Adolphs，2004； Jiang & Nekrasova，2007），10 个非程式语是将这些程式语的某个成分单词替换为长度和频率均相近的常见单词所构造的。此外，我们还从 Biber、Conrad 和 Cortes（2004）中选取了 10 个程式语，并使用相同的方法构造了 10 个非程式语。独立样本 *t* 检验结果表明，被替换词和替换词在频率上不存在显著差异（$t=0.537$，$p=0.594$）。此外，它们在长度（$t=-0.777$，$p=0.442$）和音节数（$t=-1.447$，$p=0.156$）上也不存在显著差异。之后，笔者根据这 40 个句子编制了两份.rtf 格式的测试文件，每份文件包含 10 个程式语和 10 个非程式语。每个程式语和与其匹配的非程式语均被编入不同的测试文件中。这样做的目的是避免重复效应（repetition effect）对实验结果可能产生的影响。

10.2.3 研究工具与实验步骤

实验是在装有 Windows XP 系统的电脑上进行的。实验材料通过 DMDX 软件在电脑屏幕上逐词呈现。受试要么通过测试文件 1，要么通过测试文件 2 进行实验，也就是说，受试对哪份测试文件做出反应是完全随机的。在本实验中，受试需要对呈现在电脑屏幕上的单词进行逐个阅读，在阅读完每个单词之后快速按键，此时下一个单词自动呈现，受试再对该单词进行阅读，并快速按键，以此类推，直到句子结束。此时，电脑屏幕上会自动呈现一个与该句子内容相关的问题，受试需要根据其理解情况对该问题进行回答。设置这些问题的目的是确保受试真正阅读了该句子而不是一味地按键。在本实验中，每个受试对每个单词的阅读时间及其回答问题的正误情况均通过 DMDX 软件自动记录并保存在电脑上。

10.2.4　数据整理与分析

实验完成后，笔者将 DMDX 软件生成的数据输入到 SPSS 13.0 中进行整理和分析。在数据分析时，笔者仅就受试对程式语中的被替换词和非程式语中的替换词（以下简称“目标词”）的阅读时间进行计算和分析。首先，笔者就各组受试对每个目标词的平均阅读时间进行了计算，所有在该均值 2 个标准差以外的数据均被删去。就中等水平组来说，删除的数据占到了 5%；就高水平组来说，这些数据占到了 0.97%。其次，笔者通过 SPSS 13.0 中的 Replace Missing Values 功能将这些缺失值替换为列均值（series mean）并计算出每个受试在程式语目标词（以下简称“词 1”）和非程式语目标词（以下简称“词 2”）上的平均阅读时间，以供受试分析之用。此外，笔者还对各组受试在每个目标词上的平均阅读时间进行了计算，以供项目分析之用。

10.2.5　结果与讨论

在对原始数据进行上述处理和计算后，笔者运用 SPSS 13.0 中的 General Linear Model – Repeated Measures 对处理和计算后的数据进行了分析。所有对阅读时间的分析都包括受试分析（用下标 1 表示）和项目分析（用下标 2 表示），后者的目的是测试某研究中观察到的效应是否可以发生于该研究之外的其他实验项目上。各组受试对词$_1$和词$_2$的平均阅读时间参见表 10.1。

表 10.1 中等水平组和高水平组在词$_1$和词$_2$上的平均阅读时间（单位：毫秒）

词名	中等水平组阅读时间（SD）	高水平组阅读时间（SD）
词$_1$	413（111）	527（28）
词$_2$	431（124）	711（88）

注：SD 表示标准差

数据分析表明，受试组别的主效应显著，中等水平组比高水平组快 197 毫秒，该差异在受试分析和项目分析中均达到了显著水平，F_1（1，70）=89.22，p=0.000，F_2（1，18）=224.77，p=0.000；此外，单词序列类型的主效应显著，词$_1$比词$_2$阅读速度快 102 毫秒，该差异在受试分析和项目分析中均达到了显著水平，F_1（1，70）=151.21，p=0.000，F_2（1，18）=40.57，p=0.000。此外，在受试组别和单词序列类型之间存在着显著的交互作用，F_1（1，70）=100.76，p=0.000，F_2（1，18）=39.91，p=0.000，表明单词序列类型对两组受试的影响是不一样的。

t 检验结果表明，中等水平组对词$_1$的阅读速度较词$_2$快 18 毫秒，该差异在受试分析和项目分析中均未达到显著水平，t_1=−1.75，p_1=0.098，t_2=−0.99，p_2=0.34；高水平组对词$_1$的阅读速度较词$_2$快 184 毫秒，该差异在受试分析和项目分析中均达到了显著水平，t_1=−10.79，p_1=0.000，t_2=−8.27，p_2=0.000。

根据程式语结构的完整性，笔者将目标词分为短语目标词（简称“词$_a$”）、非短语目标词（简称“词$_b$”）、词束目标词（简称“词$_c$”）和非词束目标词（简称“词$_d$”）（其中，短语和非短语具有相对完整的语法结构，且是传统语法所认可的短语或单词组合，而词束和非词束是结构不完整的单词组合，且不是传统意义上的短语或词组），计算出两组受试对各类单词的平均阅读时间。t 检验结果表明，就中等水平组来说，词$_a$的阅读速度比词$_b$快 2 毫秒，且不存在显著差异，t=0.11，p=0.911，词$_c$的阅读速度比词$_d$快 39 毫秒，且存在显著差异，t=−3.11，p =0.006；就高水平组来说，词$_a$的阅读速度比词$_b$快 198 毫秒，且存在显著差异，t=−9.51，p=0.000，词$_c$的阅读速度比词$_d$快 172 毫秒，且存在显著差异，t=−10.02，p=0.000。

通过对实验数据的细致分析，研究发现总结如下：

中等水平组对词$_1$和词$_2$的阅读速度均快于高水平组，这一结果与我们的直觉不太相符。进一步的分析显示，中等水平组在回答问题时产生了少量的错误（平均为 2.72 个），而高水平组出现的错误则极少（平均为 0.89 个）。独立样本 t 检验结果表明，两组受试在出错的次数上存在显著差异，t=5.49，p=0.000。这可能表明，中等水平组在本实验中专注于对单词的识别，相对忽略了对句法的分析和语义的理解；高水平组投入了更多的认知资源对句法进行分析，对语义进行整合，因此他们在词$_1$和词$_2$上的阅读时间更长。

中等水平组对词$_1$和词$_2$的阅读速度不存在显著差异，而高水平组对词$_1$的阅读速度显著地快于词$_2$。该结果可能表明，中等水平组没有意识到程式语的存在，也就是说，他们是以逐词分析的方式对所有实验项目进行加工的，因此词$_1$相对于词$_2$并不具有加工优势，而高水平组意识到了词$_1$是程式语的一部分，并调用了整体加工策略来对程式语进行加工，因此对词$_1$的阅读速度就快于对词$_2$的阅读速度。

中等水平组对词$_1$的阅读速度比词$_2$快 18 毫秒，这种优势是非常小的。Tremblay（2009）使用相同的方法研究了本族语者对 4-5 词词束的在线加工情况，结果发现，词束目标词（平均阅读时间为 401 毫秒）在阅读速度上比非词束目标词（平均阅读时间为 414 毫秒）仅快了 13 毫秒（t=2.8，p<0.01）。

中等水平组对词$_a$和词$_b$的阅读速度不存在显著差异（仅差 2 毫秒），而高水平组对词$_a$的阅读速度显著地快于词$_b$（相差 198 毫秒）；此外，中等水平组对词$_c$的阅读速度显著地快于词$_d$，但 39 毫秒的差异并不明显，而高水平组对词$_c$的阅读速度显著地快于词$_d$，差异达到 172 毫秒。这可能表明，在这种逐词分析式的阅读模式中，前者主要调用了分析性加工策略，而后者既调用了分析性加工策略又调用了整体加工策略，且他们能将整体策略运用于对程式语的实时加工中。本实验中，中等水平学习者由于语言经验较少，缺乏对语言复现模式（recurrent patterns）的意识和认知，他们没有意识到阅读材料中程式语的存在，因此主要以分析性策略加工程式语，而高水平学习者由于接触了较多的语言材料，具备了较强的元语言意识，且对语言的程式性有了更好的了解，因此他们主要以整体策略加工程式语。

10.3 实验二：自定步速逐句阅读实验

10.3.1 受试

苏州某本科院校英语专业二年级学生（中等水平学习者）和某本科高校英语专业研究生（高水平学习者）参与了本实验。其中，中等水平组 36 名，女性 26 名，男性 10 名，其年龄均在 19 岁到 23 岁之间，在参与本实验时均未参加过英语专业四级考试；高水平组 36 名，其中女性 30 名，男性 6 名，其年龄均在 29 岁到 46 岁之间，在参与本实验时均已取得硕士学位。他们均习惯于通过右手操作事物，且视力或纠正视力都属正常范围。

10.3.2 材料与设计

与实验一相同。

10.3.3 研究工具与实验步骤

在本实验中，受试需要对呈现在电脑屏幕上的句子进行阅读。其他步骤与实验一相同。由于本实验的材料及其设计与实验一的相同，为了减少后者可能产生的重复效应，本实验是在后者完成约一个月之后进行的。

10.3.4　结果与讨论

各组受试对句$_1$和句$_2$的平均阅读时间可参见表 10.2。

表 10.2　中等水平和高水平组在句$_1$和句$_2$上的平均阅读时间（单位：毫秒）

句名	中等水平组阅读时间（SD）	高水平组阅读时间（SD）
句$_1$	4594（347）	3482（294）
句$_2$	4903（313）	4083（207）

注：SD 表示标准差

数据分析表明，受试组别的主效应显著，高水平组比中等水平组快 966 毫秒，该差异在受试分析和项目分析中均达到了显著水平，F_1（1，70）=235.18，p=0.000，F_2（1，18）=458.10，p=0.000；此外，单词序列类型的主效应显著，句$_1$比句$_2$阅读速度快 455 毫秒，该差异在受试分析和项目分析中均达到了显著水平，F_1（1，70）=239.91，p=0.000，F_2（1，18）=8.18，p=0.010。此外，在受试组别和单词序列类型之间存在着显著的交互作用，F_1（1，70）=24.70，p=0.000，F_2（1，18）=8.04，p=0.011，表明单词序列类型对两组受试的影响是不一样的。

t 检验结果表明，中等水平组对句$_1$的阅读速度较句$_2$快 309 毫秒，该差异在受试分析中达到了显著水平，但在项目分析中未达到显著水平 t_1=−6.60，p_1=0.000，t_2=−1.81，p_2=0.087；高水平组对句$_1$的阅读速度较句$_2$快 601 毫秒，该差异在受试分析和项目分析中均达到了显著水平，t_1=−16.95，p_1=0.000，t_2=−3.82，p_2=0.001。

与实验一相同，笔者将所有句子区分为含有短语的句子（简称“句$_a$”）、含有非短语的句子（简称“句$_b$”）、含有词束的句子（简称“句$_c$”）和含有非词束的句子（简称“句$_d$”），并计算出各组受试对各类句子的平均阅读时间。t 检验结果表明，就中等水平组来说，句$_a$的阅读速度比句$_b$快 448 毫秒，且存在显著差异，t=−9.45，p=0.000，句$_c$的阅读速度比句$_d$快 169 毫秒，且存在显著差异，t=−3.03，p=0.008；就高水平组来说，句 $_a$ 的阅读速度比句 $_b$ 快 609 毫秒，且存在显著差异，$t=-18.83$，$p=0.000$，句 $_c$ 的阅读速度比句 $_d$ 快 593 毫秒，且存在显著差异，$t=-9.71$，$p=0.000$。

通过对实验数据的细致分析，研究发现总结如下：

高水平组对句 $_1$ 和句 $_2$ 的阅读速度均快于中等水平组，且该差异在心理语言学实验中是非常大的（均超过了 800 毫秒）。这就表明，相对于中等水平组，高水平组的语言加工速度更快。这种速度的提升可能是多方面的，包括单词的识别、句法的分析和语义的整合。进一步的分析显示，本实验材料中有 94.79%的单词属于最基本的 2000 词，只有 2.78%和 2.43%的单词属于学术词列（Academic Word List，AWL）或表外词（Off-list Words），可见，两组受试在阅读速度上的差异不太可能是由单词识别引起的，更有可能是由其在句法分析和语义整合等环节上的差异产生的。

两组受试对句 $_1$ 的阅读速度均显著地快于对句 $_2$ 的阅读速度，但这种差异对于高水平组来说更加明显（309 毫秒 vs. 601 毫秒）。该结果可能表明，在真实的阅读情境中，两组受试都较多地以整体策略加工程式语，但高水平组具有更大的加工优势。这一点也是不难解释的：随着学习者语言经验的丰富和元语言意识的提高，高水平组对程式语的整体特性有了更好的了解，对语言的程式性本质也有了更多的体验，因此他们能够更快地识别出语言使用中的程式语，并运用整体策略对其进行加工。

两组受试对句 $_1$ 的阅读比对句 $_2$ 的阅读分别快了 309 毫秒和 601 毫秒，这一优势要比其在实验一中（18 毫秒和 184 毫秒）大得多，这可能是由于两种实验方法本身的差异所造成的：在逐词阅读实验中，受试不易从整体上识别出程式语，因为实验材料是逐个单词进行呈现的，因此两组受试都可能运用了分析性策略来加工程式语；而在逐句阅读实验中，受试从整体上识别程式语的机会大大增加，因为实验材料是以句子为单位呈现的，因此两组受试都可能运用了整体策略来加工程式语。

首先，中等水平组对句 $_a$ 的阅读比对句 $_b$ 的阅读快 448 毫秒，高水平组对句 $_a$ 的阅读比对句 $_b$ 的阅读快 609 毫秒，这就进一步验证了之前的假设，即两组受试都较多地以整体策略加工程式语，但高水平组表现出了更大的加工优势。其次，中等水平组对句$_c$的阅读速度比句$_d$快 169 毫秒，高水平组对句$_c$的阅读速度比句$_d$快 593 毫秒，这可能表明，前者在加工结构不完整的程式语时也调用了分析性策略，而后者则更多地调用了整体性策略。再次，中等水平组对短语/词组的加工优势大于其对结构不完整的词束的加工优势，而高水平组在两类程式语的加工优势上相差不大，这说明，对于前者来说，结构不完整的词束并不具有和传统意义上的短语/词组一样的地位，而对后者来说，这种词束可能已具有和短语/词组一样的地位。

10.4　我国英语学习者程式语心理加工与表征模型

基于本章的主要发现，笔者以本族语者经常使用的程式语 to tell the truth（代表结构完整的程式语）和 one of the things（代表结构不完整的程式语）为例，对我国中、高水平英语学习者对结构完整和不完整程式语的加工与表征模型进行了总结，如图 10.1~图 10.4 所示。

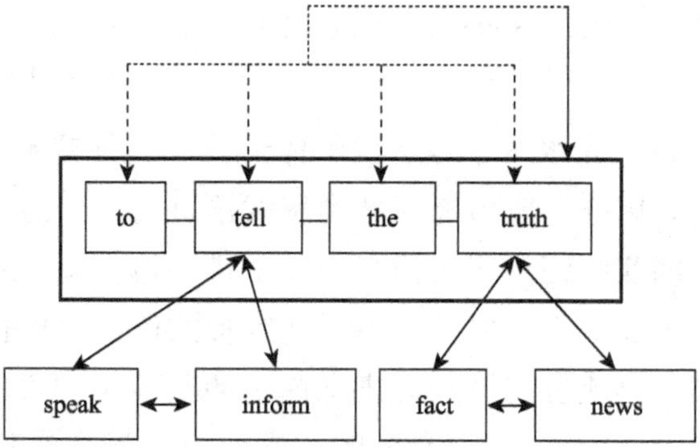

图 10.1　中等水平学习者对结构完整的程式语的加工与表征模型

（线条较粗的方框表示整体表征；垂直向下的虚线箭头表示分析性加工，垂直向下的实线箭头表示整体加工；双向实线箭头表示词汇间的语义关系较强）

如图 10.1 所示，中等水平学习者既以整体形式（线条较粗的方框）又以分析性形式（该方框内的小方框）表征结构完整的程式语。因此，学习者对此类程式语进行加工时既调用了整体策略（垂直向下的实线箭头）又调用了分析性策略（垂直向下的虚线箭头），从图 10.1 中可以看出，学习者一开始是以分析性策略加工此类程式语的，当他们认识到某程式语与整体存储在其心理词库中的某个词条相匹配时，再调用整体策略对其进行加工。此外，由于此类程式语也是以分析性形式存储的，其成分单词与心理词库中的其他单词可能保留着较强的语义关系（实线双向箭头）。

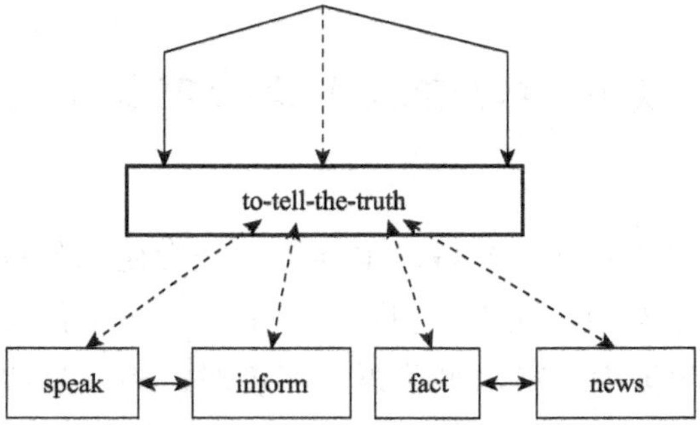

图 10.2　高水平学习者对结构完整的程式语的加工与表征模型

（线条较粗的方框表示整体表征；垂直向下的虚线箭头表示分析性加工，垂直向下的实线箭头表示整体加工；双向实线箭头表示词汇间的语义关系较强，双向虚线箭头表示词汇间的语义关系较弱）

如图 10.2 所示，高水平学习者以整体形式（线条较粗的方框）表征结构完整的程式语。因此，学习者对此类程式语进行加工时主要调用了整体策略（垂直向下的实线箭头），但我们并不排除他们也使用了分析性策略（垂直向下的虚线箭头）。此外，由于此类程式语是以整体形式存储的且词汇化程度较高，其成分单词与心理词库中的其他单词可能失去了较强的语义关系（虚线双向箭头）。本章的“词汇化”概念借用董秀芳（董秀芳，2002）的界定，是指从大于词的自由组合的句法单位到词的一种变化，这一概念要比一些语言学文献中的 lexicalization 的含义宽泛，后者一般指从语法性成分（grammatical）到词汇性成分的变化。

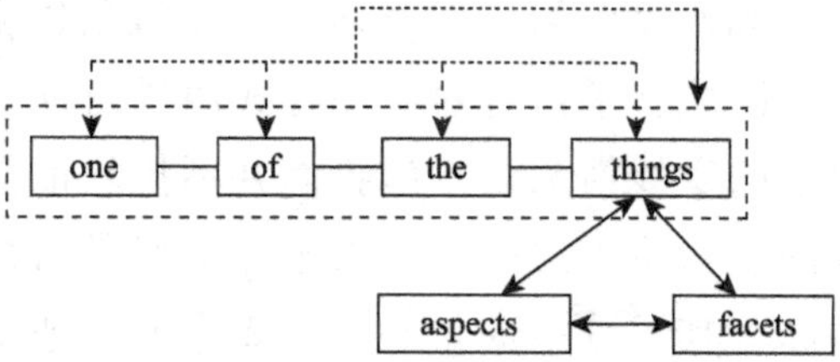

图 10.3 中等水平学习者对结构不完整的程式语的加工与表征模型

（最大的方框表示整体表征，该方框的虚线表示词汇化程度较低；垂直向下的虚线箭头表示分析性加工，垂直向下的实线箭头表示整体加工；双向实线箭头表示词汇间的语义关系较强）

如图 10.3 所示，中等水平学习者既以整体形式（虚线方框）又以分析性形式（该方框内的小方框）表征结构不完整的程式语。因此，学习者对此类程式语进行加工时既调用了整体策略（垂直向下的实线箭头）又调用了分析性策略（垂直向下的虚线箭头），从图 10.3 中可以看出，学习者一开始是以分析性策略加工此类程式语的，当他们认识到某程式语与整体存储在其心理词库中的某个词条相匹配时，再调用整体策略对其进行加工。此外，由于此类程式语也是以分析性形式存储的，其成分单词与心理词库中的其他单词可能保留着较强的语义关系（实线双向箭头）。同时，虽说此类程式语也是以整体形式存储的，但其词汇化程度并不高，在语言加工和使用时提取起来有一定难度（虚线方框）。

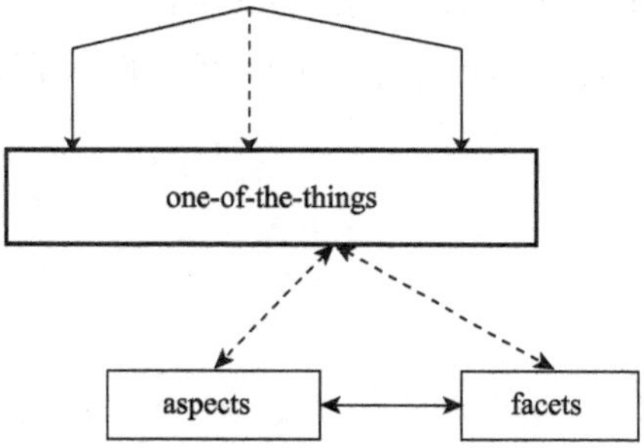

图 10.4 高水平学习者对结构不完整的程式语的加工与表征模型

（线条较粗的方框表示整体表征；垂直向下的虚线箭头表示分析性加工，垂直向下的实线箭头表示整体加工；双向实线箭头表示词汇间的语义关系较强，双向虚线箭头表示词汇间的语义关系较弱）

如图 10.4 所示，高水平学习者以整体形式（线条较粗的方框）表征结构不完整的程式语。因此，学习者对此类程式语进行加工时主要调用了整体性策略（垂直向下的实线箭头），但我们并不排除他们也使用了分析性策略（垂直向下的虚线箭头）。此外，由于此类程式语是以整体形式存储的且词汇化程度较高，其成分单词与心理词库中的其他单词可能失去了较强的语义关系（虚线双向箭头）。

10.5 小　结

本研究的结果表明：①高水平学习者以整体形式表征较高频率程式语，中等水平学习者既以整体形式又以分析性形式表征此类程式语，因此前者能够很快识别出句子中的程式语并调用整体策略对其进行加工，而后者在一开始可能运用分析性策略对程式语进行分析和辨识，当他们发现某单词序列与整体存储在其心理词库中的某个词条相匹配时，他们再调用整体策略对其进行加工。②就中等水平学习者来说，程式语结构的完整性没有影响其心理表征模式，即结构完整和不完整的程式语都是既以整体形式又以分析性形式存储与表征的，但前者具有更强的词汇化程度；就高水平学习者来说，程式语结构的完整性对其心理表征模式也不具有显著影响，即无论其结构完整性如何，程式语都是以整体形式存储与表征在高水平学习者心理词库中的。

参考文献

昂晨，吕欢，周亚聪，等. 2016. 词汇熟悉度对非熟练中英双语者语言理解转换中非目标语言激活的影响[J]. 心理发展与教育，（1）：26-32.

毕彦超，周晓林，舒华. 1998. 心理词典中不同表征间的激活扩散[J]. 心理学报，（3）：262-268.

卞迁，崔磊，闫国利. 2010. 词素位置颠倒对汉语句子阅读影响的眼动研究[J]. 心理研究，（1）：29-35.

蔡金亭. 2006.《探索第二语言心理词汇》导读[M]. 北京：世界图书出版公司.

曹宇. 2018. 一语语义知识对中国英语学习者英语程式语加工的影响[J]. 外语与外语教学，（5）：108-117.

曹宇，文秋芳，张钫炜. 2016. 中国英语学习者英语程式语表征方式研究——来自听觉搭配成分词判断的证据外语与外语教学[J]，（4）：21-27.

常秦，田建国. 2012. 从双语心理词汇结构论述词汇学习策略[J]. 外语界，（2）：74-80.

陈宝国，高怡文. 2009. 跨语言启动的不对称现象及其理论解释的新进展[J]. 心理与行为研究，7（1）：71-75.

陈宝国，宁爱华. 2005. 汉字识别中的同音字效应：语音影响字形加工的证据[J]. 心理学探新，（4）：35-39.

陈宝国，彭聃龄. 2001. 汉字识别中形音义激活时间进程的研究（I）[J]. 心理学报，33（1）：1-6.

陈宝国，王立新，彭聃龄. 2003. 汉字识别中形音义激活时间进程的研究（II）[J]. 心理学报，（5）：576-581.

陈桦，毕冉. 2008. 英语专业学生朗读任务中语音能力的发展模式研究[J]. 解放军外国语学院学报，（4）：43-49.

陈士法，彭建武，杨洪娟等. 2011. 英汉心理词典中英语单词存储的词长效应研究[J].

外语教学，（5）：48-51.

陈栩茜，张积家，李昀恒. 2013. 语音反馈对汉字高频同音字词形激活的影响[J]. 心理学报，（1）：47-59.

程微. 2010. 态度韵律的整体性研究[J]. 外语学刊，（3）：68-73.

戴俊红. 2018. 二语心理词汇表征对英语词汇教学的启示[J]. 高教学刊，（16）：55-58.

戴曼纯，刘晓英. 2008. 中国英语学习者心理动词习得实证研究[J]. 外语学刊，（5）：114-122.

戴炜栋，王宇红. 2008. 双语心理词汇研究述评[J]. 外语与外语教学，（2）：16-20.

丁国盛，彭聃龄. 2006. 汉语逆序词识别中整词与词素的关系[J]. 当代语言学，（1）：36-45.

丁言仁，戚焱. 2005. 词块运用与英语口语和写作水平的相关性研究 [J]. 解放军外国语学院学报，28（3）：49-53.

董秀芳. 2002. 论句法结构的词汇化 [J]. 语言研究，（3）：59-68.

董燕萍. 1998. 双语心理词典的共享（分布式）非对称模式[J]. 现代外语，（3）：1-29.

董燕萍. 2005. 心理语言学与外语教学[M]. 北京：外语教学与研究出版社.

董燕萍. 2011. *Using Priming Methods in Second Language Research*（第二语言研究中的启动研究方法）导读. 北京：外语教学与研究出版社.

董燕萍，桂诗春. 2002. 关于双语心理词库的表征结构[J]. 外国语，（4）：23-29.

董燕萍，赵晨. 2010.《双语认知的心理语言学研究》导读[M]. 北京：外语教学与研究出版社.

范琳，李绍山. 2013. 汉–英–日三语者语言产出过程中语码转换的抑制加工——基于刺激反应设置影响的研究[J]. 外语教学与研究，（1）：58-68.

方秀才. 2013. 《程式语面面观》介绍[J]. 当代语言学，（4）：492-495.

付书伟，水仁德. 2005. 语音对双语者心理词典在词汇水平相互作用的影响[J]. 应用心理学，（2）：166-169.

付馨晨，李晓东. 2015. 刺激突出性对负启动效应的影响[J]. 应用心理学，（2）：116-123.

付玉萍. 2009. 二语心理词汇的发展模式与路径研究[J]. 中国外语教育，（2）：3-15.
桂诗春. 1985. 心理语言学[M]. 上海：上海外语教育出版社.
桂诗春. 1991. 实验心理语言学纲要[M]. 长沙：湖南教育出版社.
桂诗春. 2000. 新编心理语言学[M]. 上海：上海外语教育出版社.
桂诗春. 2011. 什么是心理语言学[M]. 上海：上海外语教育出版社.
桂诗春，董燕萍. 2008. 语言心理学（第五版）导读. 北京：外语教学与研究出版社.
郭桃梅，彭聃龄，卢春明，等. 2005. 汉语词汇产生中的义、音信息提取时间进程的ERP 研究[J]. 心理学报，（5）：569-574.
韩忠谦. 2008. 心理词汇语用研究[M]. 北京：国防工业出版社.
汉语语料库 BCC. 2016. 北京语言大学现代汉语语料库. http://bcc.blcu.edu.cn/
胡敏. 2013. 中国大学生英语语音意识发展及影响因素初探[J]. 外语教学理论与实践，（2）：28-34.
胡文飞. 2011. 渐进性、迁移性与有灵性的融合：中国学习者对心理动词的产出现状分析[J]. 外国语文，（4）：58-63.
胡文飞，章宜华. 2011. 基于用户视角的汉英词典意义表征能力调查[J]. 外语研究，（3）：78-84.
黄四宏，詹宏伟. 2011. 语块认知加工研究的最新进展 [J]，外国语，（2）：66-73.
贾冠杰. 2008. 多语心理词汇模式与二语习得研究[J]. 外语与外语教学，（6）：27-31.
姜帆. 2016. 母语语音迁移对外语词语听辨和口语产出的影响[J]. 解放军外国语学院学报，（5）：106-112.
黎锦熙. 1954. 新著国语文法[M]. 北京：商务印书馆.
李更春. 2011. 中国英语学习者程式语心理表征模式研究——以词束研究为例 [D]. 苏州大学博士学位论文.
李更春. 2012. 国外程式语识别研究概述[J]. 中南大学学报（社会科学版），（5）：221-227.
李更春. 2013. 程式语的术语和定义问题研究[J]. 重庆理工大学学报（社会科学版），（7）：81-86.
李更春. 2014. 程式语加工研究：现状、问题及展望[J]. 现代外语，（2）：252-260.
李更春. 2015. 程式语研究的新领域——韵律特征[J]. 中国教育学刊，（6）：363-364.

李更春. 2016. 论程式语加工的实验方法[J]. 山东外语教学，（4）：20-34.

李更春，贾冠杰. 2013. 英语程式语心理表征模式研究[J]. 西藏大学学报（社会科学版），（2）：174-180.

李恒威，王小璐，唐孝威. 2008. 表征、感受性和言语思维[J]. 浙江大学学报，（5）：26-32.

李红. 2007. 双语心理词汇与英语学习实证研究[M]. 重庆：重庆大学出版社.

李红，缪道蓉. 2004. 规则屈折词形在心理词汇中的表征与提取——基于词频还是规则？[J]. 外国语言文学研究，（4）：44-48.

李红，缪道蓉. 2009. 频率和语言水平对公式化语言整体加工的作用[J]. 重庆大学学报（社会科学版），（5）：124-128.

李建平. 2008. 基于心理模型的二语词汇习得[J]. 四川外语学院学报，（1）：124-128.

李景娜，王遥. 2015. 语言经验在听者感知英语外国口音程度中的效应研究[J]. 外语界，（1）：80-87.

李利，郭红婷，华乐萌，等. 2012. 汉语为二语学习者言语产生中的跨语言干扰[J]. 心理学报，（11）：1435-1441.

李利，莫雷，王瑞明. 2011. 二语词汇熟悉度在双语者语义通达中的调节作用[J]. 心理科学（4）：799-805.

李美霞. 2011. 程式语：术语多样性及界定复杂性的相关研究[A]. 载李美霞，语言程式语语言使用（第一辑）[C]（pp.1-9）. 北京：世界图书出版公司.

李庆安，杨青，张萌，等. 2007. 四种语音意识干预模式对小学生英文单词朗读作用的比较[J]. 心理发展与教育，（1）：93-99.

李秋杨. 2014. 基于语义范畴关系的汉英心理动词心理活动动词分类研究[J]. 解放军外国语学院学报，（2）：69-76.

李荣宝. 2002. 双语语义表征及其通达机制[M]. 福州：福建人民出版社.

李荣宝，彭聆龄. 2002. 双语表征研究中存在的问题及其解决办法[J]. 当代语言学，（4）：279-292.

李小健，王文娜，李晓倩. 2011. 同音字族内的听觉通道词频效应与同音字表征的激活[J]. 心理学报，（7）：749-762.

李小撒，王文宇. 2016. 英汉心理词汇联想模式及具体性效应对比研究[J]. 外语界，

（5）：70-78.

刘绍龙，操维维，王柳琪. 2013. 双语词汇表征类型及其翻译通达（方向/质量）效应研究——一项基于不同二语水平的实证调查[J]. 中国外语，（2）：34-41.

刘晓环，王军. 2016. 错序句阅读的眼动特征及其认知理据解读[J]. 现代外语，（1）：74-85.

刘晓玲，阳志清. 2003. 词汇组块教学——二语教学的一种新趋势 [J]. 外语教学，（6）：51-55.

刘燕. 2015. 辞书心理动词与形容词标注分歧问题探讨[J]. 外语学刊，（5）：62-66.

吕行，施家炜. 2016. 汉语搭配信息对词汇识别的影响[J]. 心理与行为研究，（4）：453-458.

吕叔湘. 1942. 中国文法要略[M]. 北京：商务印书馆.

吕勇，沈德立，杜英春，等. 2004. 听觉呈现条件下汉语双字词语义和语音启动的ERP研究[J]. 心理科学，（1）：8-12.

马广惠. 2011. 词块的界定、分类与识别 [J]. 解放军外国语学院学报，（1）：3-6.

马建忠. 1898. 马氏文通[M]. 北京：商务印书馆.

毛澄怡. 2008. 语块及其在英语学习者会话中的使用特征[J]. 解放军外国语学院学报，31（2）：58-62.

孟迎芳，林无忌，林静远，等. 2016. 双语即时切换下非目标语言语音和语义的激活状态[J]. 心理学报，（2）：121-129.

缪道蓉. 2006. 探索词频和语言水平对公式化语言在二语心理词汇中表征的影响[D]. 硕士学位论文. 重庆：重庆大学.

倪传斌，卢光明，张志强，等. 2010. 二语语音的识别方式与激活脑区[J]. 心理学报，（12）：1156-1165.

潘颖. 2012. 中国学生英语语音意识加工技能的发展特点[J]. 外语与外语教学，（6）：17-20.

潘颖，盖笑松. 2013. 汉语母语与英语母语学生英语语音意识发展趋势的比较研究[J]. 心理与行为研究，（1）：73-77.

彭聃龄，丁国盛，王春茂，等. 1999. 汉语逆序词的加工——词素在词加工中的作用[J]. 心理学报，（1）：36-46.

戚焱，丁言仁. 2011. 中美大学生口语中词块使用特点对比分析[J]. 外语界，（3）：52-59.
祁志强，彭聃龄. 2010. 语音加工的脑机制研究：现状、困惑及展望[J]. 北京师范大学学报，（4）：40-47.
乔晓妹. 2014. 新词的词汇化过程及其心理表征[M]. 上海：复旦大学出版社.
秦琴，刘伟. 2016. 语音加工能力对二语短语动词隐性习得的影响[J]. 外语教学与研究，（2）：261-273.
邵志芳. 2010. *Cognitive Psychology* 导读[M]. 北京：机械工业出版社.
宋娟，吕勇. 2015. 自上而下的因素对掩蔽启动中自动加工过程的影响[J]. 心理科学进展，（5）：766-773.
唐革亮，杨忠. 2013. 语言心理表征方式的新阐释[J]. 外文研究，（2）：100-103.
唐青叶. 2004. like 类与 please 类心理动词的视角研究[J]. 外语教学，（3）：39-43.
王军. 2013. "国外传统韵律研究的最新进展及思考"[J]. 外国语，（6）：18-26.
王军. 2014. 错拼词及其基于能指所指关系的解读理据[J]. 外语教学，（4）：20-23.
王柳琪，刘绍龙. 2013. 双语词汇记忆表征与翻译词汇转换心理模型[J]. 外国语，（1）：65-71.
王启. 2015. 中低水平二语学习者高频普通二词搭配的心理现实性 [J]. 现代外语，（2）：206-216.
王文斌，徐睿. 2005. 英汉使役心理动词的形态分类和句法结构比较分析[J]. 外国语，（4）：22-29.
王永德. 2014. 跨语言因素对留学生理解汉语句子速度的影响[J]. 语言教学与研究，（4）：24-33.
王云. 2013. 中国学习者英语心理动词语义组织和语义表征研究[D]. 苏州大学.
王云，贾冠杰. 2017. 英汉心理动词短语心理表征对比研究——来自直线性序列式语法判断范式的证据[J]. 外语与外语教学，（3）：109-119.
王云，刘新芳. 2018a. 英汉心理动词双字/词语符逆序表征对比研究——来自掩蔽启动范式的证据. 现代外语，（3）：400-412.
王云，刘新芳. 2018b. 英汉心理动词程式语语音表征对比研究——来自视觉掩蔽启动范式的证据. 外语界，（3）：62-71.
韦瑶瑜，雷蕾. 2009.《言语产生与第二语言习得》述评[J]. 中国外语教育，（2）：74-78.

卫乃兴. 2002. "语料库数据驱动的专业文本语义韵研究"[J]. 现代外语，（2）：165-175.

文雅丽. 2007. 现代汉语心理动词研究[D]. 北京：北京语言大学.

闻莉. 2014. 汉语儿童英语和汉语语音意识对英语单词认读的作用[J]. 心理与行为研究，（2）：193-198.

吴光华. 2010. 汉英大辞典[Z]. 上海：上海译文出版社.

吴诗玉，杨枫. 2016. 二语词汇语义加工中的"跨词干扰效应"研究[J]. 外语教学，（3）：45-50.

谢谜. 2009. 二语心理词汇的性质与发展[J]. 语言教学与研究，（4）：71-76.

熊锟. 2007. 心理词汇的表征与二语习得中的跨语言影响[J]. 外语学刊，（5）：133-136.

许莹莹，王同顺. 2015. 语块频率、结构类型及英语水平对中国英语学习者语块加工的影响[J]. 外语教学与研究，（3）：393-404.

杨枫，吴诗玉. 2015. 二语口语词汇加工中的跨语言语音干扰[J]. 外国教学与研究，（4）：559-572.

姚小平. 2010. 汉英字典[Z]. 北京：北京外语教学与研究出版社.

尹莉. 2007. 跨语言语音意识与词汇阅读模式——一项关于中国英语初学儿童的实证研究[J]. 外语教学，（3）：47-51.

印丛，王娟，张积家. 2011. 汉语言语产生中语音、字形启动的位置效应[J]. 心理学报，（9）：1002-1012.

英语语料库 COCA. 2016. 美国当代英语语料库. http://www. americancorpus.org/

余林，舒华. 2003. 汉语言语产生的语音加工机制[J]. 心理科学，（5）：818-822.

余盛明. 2014. 英语心智谓词的模糊性及其语际语用发展研究[J]. 外语教学与研究，（1）：82-96.

俞林鑫. 2014. 语音在汉字语义通达中作用的研究述评[J]. 心理与行为研究，（3）：413-417.

詹宏伟. 2012. L2 语块的心理现实性研究——来自语音加工的证据[J]. 外语与外语教学，（6）：12-16.

詹宏伟，宋慧娜. 2012. L2语块的心理现实性研究——基于中国 EFL 学习者对二项式短语的反应时实验[J]. 北京第二外国语学院学报，（2）：7-12.
张辉. 1995. 心理表征与外语教学[J]. 江苏外语教学研究，（1）：18-21.
张辉. 2006. 汉语熟语语义加工的认知与神经机制研究[A]//第四届全国认知语言学研讨会论文摘要汇编，153-154.
张积家，陆爱桃. 2007. 汉语心理动词的组织和分类研究[J]. 华南师范大学学报，（1）：118-123.
张建琴. 2004. 中国高、中、初级英语学习者词汇短语使用的对比研究 [J]. 外语界，（1）：10-14.
张京鱼. 2004. 心理动词与英语典型使役化结构[J]. 四川外语学院学报，（5）：97-101.
张玲燕，田朝霞，金檀. 2013. 汉语合成词的整词词形表征[J]. 心理与行为研究，（4）：569-574.
张钦，郭春彦，丁锦红，等. 2004. 身体活动与心理活动动词加工的 ERP 比较[J]. 心理学报，（6）：690-696.
张淑静. 2004. 中国英语学习者心理词汇：性质与发展模式[M]. 开封：河南大学出版社.
张淑静. 2005. 从联想测试看二语心理词汇之间的联系[J]. 解放军外国语学院，（2）：52-57.
张萍. 2009. 中国英语学习者心理词汇联想模式研究[M]. 南京：东南大学出版社.
张萍. 2010. 中国英语学习者心理词库联想模式对比研究[J]. 外语教学与研究，（1）：9-16.
张萍. 2016. 中国英语学习者心理词汇语义加工中的同译效应[J]. 外语教学与研究，（3）：382-395.
章宜华. 1998. 自然语言的心理表征与词典释义[J]. 现代外语，（3）：1-29.
赵翠莲. 2006. 多义词心理表征的发展模式[M]. 开封：河南大学出版社.
赵翠莲. 2012. 词汇表征模式概述[J]. 当代外语研究，（7）：38-44.
赵静，王同顺. 2016. 从“接口假说”视角看中国学生对英语心理动词的语言表征及加工效率[J]. 现代外语，（4）：539-548.
赵静，王同顺，叶李贝贝. 2015. 英语母语学习者对汉语心理动词的习得研究[J]. 世界汉语教学，（4）：551-561.

赵俊华，张大均. 2006. 词汇的语义表征及其启动效应研究现状与问题[J]. 心理科学，（3）：752-754.

赵杨. 2009. 汉语非宾格动词和心理动词的习得研究——兼论“超集—子集”关系与可学习性[J]. 世界汉语教学，（1）：86-100.

钟志英. 2015. 中国学生英语高频程式语的视觉和听觉加工优势研究[J]. 现代外语，（6）：396-406.

钟志英，何安平. 2012. 中国英语学习者对高频非习语英语程式语的心理表征研究[J]. 外语教学与研究，（6）：886-898.

周晓林，玛依拉，亚克甫，等. 2008. 语言经验可以改变双语者的主导语言[J]. 心理科学，（2）：266-272.

周有斌，邵敬敏. 1993. 汉语心理动词及其句型[J]. 语文研究，（3）：34-38.

Aijmer, K. 1996. *Conversational Routines in English: Convention and Creativity*[M]. London: Longman.

Aitchison, J. 1987. *Words in the Mind: An Introduction to the Mental Lexicon*[M]. Oxford: Blackwell.

Allen, P. A., Wallace, B. & Weber, T. A. 1995. Influence of case type, word frequency, and exposure duration on visual word recognition[J]. *Journal of Experimental Psychology: Human Perception & Performance*, 21: 914-934.

Altenberg, B. 1998. On the phraseology of spoken English: The evidence of recurrent word-combinations[A]. In A. P. Cowie (Ed.), *Phraseology: Theory, Analysis and Applications*[C] (pp.101-122). Oxford: Clarendon Press.

Altenberg, B. & Eeg-Olofsson, M. 1990. Phraseology in spoken English: Presentation of a project[A]. In J. Aarts & W. Meijs (Eds.), *Theory and Practice in Corpus Linguistics*[C] (pp.1-17). Amsterdam: Rodopi.

Anderson, J. R. 2012. *Cognitive Psychology and its Implications* (7th edition.) [M]. 秦裕林等译. 北京：人民邮电出版社.

Andres, M., Finocchiaro, C. & Buiatti, M., et al. 2015. Contribution of motor representations to action verb processing[J]. *Cognition*, 134 (1): 174-184.

Arnon, I. & Snider, N. 2010. More than words: Frequency effects for multi-word phrases[J].

Journal of Memory and Language, 62 (1): 67-82.

Ashby, M. 2006. Prosody and idioms in English[J]. *Journal of Pragmatics*, (10) : 1580-1597.

Baker, M. & McCarthy, M. 1988. *Multiword Units and Things Like That* [D]. Birmingham: University of Birmingham.

Barlow, M. & Kemmer, S. 2000. *Usage-based Models of Language*[M]. Stanford, California: CSLI Publications.

Bastian, H. C. 1869. On the various forms of loss of speech in cerebral disease[J]. *The British and Foreign Medico-Chirurgical Review*, 43: 209-236.

Bastian, H. C. 1898. *Aphasia and Other Speech Defects*[M]. London: Lewis.

Bates, E., Bretherton, I. & Snyder, L. 1988. *From First Words to Grammar: Individual Differences and Dissociable Mechanisms*[M]. Cambridge: Cambridge University Press.

Becker, J. 1975. The phrasal lexicon. Bolt Beranek & Newman Report no.3081, AI Report no.28[A]. Reprinted in R. Shank & B. L. Nash-Webber (Eds.) , *Theoretical Issues in Natural Language Processing*[C] (pp.60-63) . Cambridge, MA: Bolt Beranck & Newman.

Besner, D. & Johnston, J. C. 1989. Reading and the mental lexicon: On the uptake of visual information[A]. In W. D. Marslen-Wilson (Ed.) , *Lexical Representation and Process* [C] (pp.291-316) . Cambridge, MA: MIT Press.

Beyersmann, E., Castles, A. & Coltheart, M. 2011. Early morphological decomposition during visual word recognition: Evidence from masked transposed-letter priming[J]. *Psychonomic Bulletin & Review*, 18 (5) : 937-942.

Bialystok, E. & Barac, R. 2013. *The Psycholinguistics of Bilingualism*[M]. West Sussex: Wiley-Blackwell.

Biber, D. & Conrad, S. 1999. Lexical bundles in conversation and academic prose[A]. In H. Hasselgård & S. Oksefjell (Eds.) , *Out of Corpora: Studies in Honour of Stig Johansson* [C] (pp.181-190) . Amsterdam & Atlanta: Rodopi.

Biber, D., Conrad, S. & Cortes, V. 2004. If you look at...: Lexical bundles in academic lectures and textbooks[J]. *Applied Linguistics*, 25(3) : 371-405.

Biber, D., Johansson, S., Leech, G., et al. 1999. *Longman Grammar of Spoken and Written English*[M]. Harlow: Longman.

Bod, R. 2001. Sentence memory: Storage vs. computation of frequent sentences [P]. Presented at CUNY. Philadelphia, PA: University of Pennsylvania.

Boers, F. & Lindstromberg, S. 2012. Experimental and Intervention Studies on Formulaic Sequences in a Second Language[A]. In C. Polio (Ed.), *Topics in Formulaic Language Introduction. Annual Review of Applied Linguistics*[C] (pp.83-110). Cambridge: Cambridge University Press.

Bolander, M. 1989. Prefabs, patterns and rules in interaction? Formulaic speech in adult learners L2 Swedish[A]. In K. Hyltenstam & L. K. Obler (Eds.), *Bilingualism across the Lifespan* [C] (pp.73-86) . Cambridge: Cambridge University Press.

Bolinger, D. 1976. Meaning and memory [J]. *Forum Linguisticum* 1, (1) : 1-14.

Bratianu, C. 2007. Thinking patterns and knowledge dynamics [P]. *Presented at the 8th European Conference on Knowledge Management.* Barcelona: Consorci Escola Industrial de Barcelona.

Brown, R. & Hanlon, C. 1970. Derivational complexity and order of acquisition in child speech[A]. In J. R. Hayes (Ed.), *Cognition and the Development of Language* [C] (pp.11-53) . London: John Wiley and Sons, Inc.

Bybee, J. & Scheibman, J. 1999. The effects of usage on degree of constituency: The reduction of *don't* in American English[J]. *Linguistics*, 37(4) : 575-596.

Bybee, L. 2006. From usage to grammar: The mind's response to repetition[J]. *Language*, 82 (4) : 711-733.

Cacciari, C. & Glucksberg, S. 1991. Understanding idiomatic expressions: The contribution of word meanings[A]. In G. Simpson (Ed.), *Understanding Word and Sentence* [C] (pp.217-240). Amsterdam: Elsevier Science Publishers.

Cacciari, C. & Glucksberg, S. 1994. Understanding figurative language [A]. In M. Gernsbacher (Ed.), *Handbook of Psycholinguistics* [C] (pp.447-477). San Diego, CA: Academic Press.

Cacciari, C. & Tabossi, P. 1988. The comprehension of idioms [J]. *Journal of Memory and Language*, 27(6) : 668-683.

Caravolas, M. & Bruck, M. 1993. The effect of oral and written language input on children's phonological awareness: A cross-linguistic study [J]. *Journal of Experimental Child Psychology*, 55(1) : 1-30.

Carreiras, M., Vergara, M. & Perea, M. 2007. ERP correlates of transposed-letter similarity effects: Are consonants processed differently from vowels? [J]. *Neuroscience Letters*, 419 (3) : 219-224.

Carroll, D. W. 2007. *Psychology of Language* (4th edition.) [M]. 缪小春等译. 上海：华东师范大学出版社.

Carroll, D. W. 2008. Psychology of Language [M]. 北京：外语教学与研究出版社.

Cheung, C. C. H. & Larson, R. K. 2015. Psych verbs in English and Mandarin[J]. *Natural Language and Linguistic Theory*, 33: 127-189.

Cheung, H., Chen, H. C. & Yeung, W. 2009. Relations between mental verb and false belief understanding in Cantonese-speaking children[J]. *Journal of Experimental Child Psychology*, 104: 141-155.

Chow, B. W., McBride-Chang, C. & Burgess, S. 2005. Phonological processing skills and early reading abilities in Hong Kong Chinese kindergarteners learning to read English as a second language[J]. *Journal of Educational Psychology*, 97(1) : 81-87.

Cieslicka, A. 2006. Literal salience in on-line processing of idiomatic expressions by second language learners[J]. *Second Language Research*, 22(2) : 115-144.

Clark, R. 1974. Performing without competence[J]. *Journal of Child Language*, 1(1) : 1-10.

Columbus, G. 2010. Processing MWUs: Are MWU subtypes psycholinguistically real? [A]. In D. Wood (Ed.), *Perspectives on Formulaic Language: Acquisition and Communication* [C] (pp.194-212) . London/New York: Continuum.

Conklin, K. & Schmitt, N. 2008. Formulaic sequences: Are they processed more quickly than nonformulaic language by native and nonnative speakers? [J]. *Applied Linguistics*, 29(1) : 72-89.

Conklin, K. & Schmitt, N. 2012. The Processing of Formulaic Language[A]. In C. Polio (Ed.), *Topics in Formulaic Language. Annual Review of Applied Linguistics* [C] (pp.45-61) . Cambridge: Cambridge University Press.

Conrad, S. 1996. *Academic discourse in two disciplines: Professional writing and student development in biology and history*[D]. Doctoral Dissertation, Northern Arizona University, Flagstaff.

Cortes, V. 2004. Lexical bundles in published and student disciplinary writing: Examples from history and biology[J]. *English for Specific Purposes*, 23: 397-423.

Cowie, A. P. 1988. Stable and creative aspects of vocabulary use [A]. In R. Carter & M. McCarthy (Eds.), *Vocabulary and Language Teaching* [C] (pp.126-139). London & New York: Longman.

Craik, F. & Lockhart, R. 1972. Levels of processing: A framework for memory research [J]. *Journal of Verbal Learning & Verbal Behavior*, 11(6) : 671-684.

Crepaldi, D., Rastle, K. & Davis, C. J. 2010. Morphemes in their place: Evidence for position-specific identifications of suffixes [J]. *Memory & Cognition*, 38(3): 312-321.

Crutteden, A. 1981. Item-learning and system-learning [J]. *Journal of Psycholinguistic Research*, 10(1) : 79-88.

Cutler, A. 2008. The abstract representations in speech processing [J]. *The Quarterly Journal of Experimental Psychology*, 61(11) : 1601-1619.

De Angelis, G. 2007. *Third or Additional Language Acquisition* [M]. Toronto: Multilingual Matters Ltd.

De Bot, K., Lowie, W. & Verspoor, M. 2005. *Second Language Acquisition: An Advanced Resource Book* [M]. London: Routledge.

DeCasper, A. & Spence, M. 1986. "Prenatal maternal speech influences newborn's perception of speech sounds"[J]. *Infant Behavior and Development*, (2): 133-150.

Dechert, H. 1983. How a story is done in a second language [A]. In C. Faerch & G. Kasper (Eds.), *Strategies in Interlanguage Communication* [C] (pp.175-195). London: Longman.

De Cock, S. 1998. A recurrent word combination approach to the study of formulae in the speech of native and non-native speakers of English [J]. *International Journal of Corpus Linguistics*, (1) : 59-80.

De Groot, A. M. B. 1992. Bilingual lexical representation: A closer look at conceptual representations [A]. In R. Frost & L. Katz. (Eds.), *Orthography, Phonology and*

Meaning [C](pp.389-412). Amsterdam: Elsevier.

De Groot, A. M. B. 1993. Word-type effects in bilingual processing tasks: Support for a mixed-representational system [A]. In R. Schreuder & B. Weltens (Eds.), *The Bilingual Lexicon* [C](pp.27-51). Amsterdam/ Philadelphia: John Benjamins.

De Groot, A. M. B. & Hoeks, J. 1995. The development of bilingual memory: Evidence from word translation by trilinguals [J]. *Language Learning*, 45: 683-724.

De Groot, A. M. B. & Kroll, J. F. 1997. *Tutorials in Bilingualism: Psycholinguistics Perspectives* [M]. Mahwah: Lawrence Erlbaum Associates.

De Groot, A. M. B. & Nas, G. L. J. 1991. Lexical representation of cognates and non-cognates in compound bilinguals [J]. *Journal of Memory and Language*, 30: 90-123.

Dell, G. S. 1986. A spreading-activation theory of retrieval in sentence production [J]. *Psychological Review*, 93: 283-321.

Diessel, H. 2004. *The Acquisition of Complex Sentences* [M]. Cambridge: Cambridge University Press.

Dijkstra, T., Timmermans, M. & Schriefers, H. 2000. On being blinded by your other language: Effects of task demands on interlingual homograph recognition[J]. *Journal of Memory and Language*, 42(4): 445-464.

Dijkstra, T. & van Hell, J. V. 2003. Testing the language mode hypothesis using trilinguals[J]. *International Journal of Bilingual Education and Bilingualism*, (6): 2-16.

Dijkstra, T. & van Heuven, W. J. B. 1998. The BIA-model and bilingual word recognition [A]. In J. Grainger & A. M. Jacobs (Eds.), *Localist Connectionist Approaches to Human Cognition*[C] (pp.189-225). Mahwah, NJ: Erlbaum.

Dijkstra, T. & van Heuven, W. J. B. 2002. The architecture of the bilingual word recognition system: From identification to decision [J]. *Bilingualism: Language and Cognition*, 5(3): 175-197.

Dong, Y., Gui, S. & MacWhinney, B. 2005. Shared and separate meanings in the bilingual lexicon [J]. *Bilingualism: Language and Cognition*, (3) : 221-238.

Dornyer, Z. & Skehan, P. 2003. Individual differences in second language learning [A]. In C. Doughty & M. Long (Eds.), *The Handbook of Second Language Acquisition* [C] (pp.589-630). Oxford: Blackwell.

Ebbinghaus, H. 1885. *Memory: A Contribution to Experimental Psychology* [M]. New York: Teachers College, Columbia University.

Elke, P. 2015. Learning academic formulaic sequences [J]. *Journal of English for Academic Purposes*, (20): 28-39.

Ellis, N. 2003. Constructions, chunking, and connectionism: The emergence of second language structure [A]. In C. J. Doughty & M. H. Long (Eds.), *The Handbook of Second Language Acquisition* [C] (pp.63-103). Oxford: Blackwell.

Ellis, N. 2012. Formulaic Language and Second Language Acquisition: Zipf and the Phrasal Teddy Bear [A]. In C. Polio (Ed.), *Topics in Formulaic Language* [C] (pp.17-44). Cambridge: Cambridge University Press.

Ellis, N. & Larsen-Freeman, D. 2006. Language emergence: Implications for applied linguistics [J]. *Applied Linguistics*, 27(4): 558-589.

Ellis, N., Simpson-Vlach, R. & Maynard, C. 2008. Formulaic language in native and second language speakers: Psycholinguistics, corpus linguistics, and TESOL [J]. *TESOL Quarterly*, 42(3) : 375-396.

Ellis, R. 1984. Formulaic speech in early classroom second language development [A]. In J. Handscombe, R. Orem & B. Taylor (Eds.), *On TESOL'83: The Question of Control* [C] (pp.53-65) . Washington D.C.: TESOL.

Enghels, R. 2012. Transitivity of Spanish perception verbs: A gradual category? [J]. *An International Journal of Hispanic Linguistics*, (1) : 35-56.

Epoge, N. 2015. Reciprocal pronouns binding within psych-verb constructions [J]. *Advances in Language and Literary Studies*, 6(2) : 163-173.

Erman, B. 2006. Non-pausing as evidence of the idiom principle. Paper presented at the First Nordic Conference on Syntactic Freezes, University of Joensuu, Finland, May 19-20.

Erman, B. 2007. Cognitive processes as evidence of the idiom principle [J]. *International Journal of Corpus Linguistics*, (1): 25-53.

Erman, B. & Warren, B. 2000. The idiom principle and the open choice principle [J]. *Text*,

(1): 29-62.

Ervin, S. M. & Osgood, C. E. 1954. Second language learning and bilingualism [J]. *Journal of Personality and Social Psychology*, 58: 139-145.

Fauconnier, G. 1994. *Mental Spaces: Aspects of Meaning Construction in Natural Language* [M]. Cambridge: Cambridge University Press.

Fernando, C. 1996. *Idioms and Idiomaticity* [M]. Oxford: Oxford University Press.

Fiez, J. A., Balota, D. & Raichle, M. 1999. Effects of lexicality, frequency, and spelling-to-sound consistency on the functional anatomy of reading [J]. *Neuron*, 24(1): 205-218.

Fisher, C. & Tokura, H. 1996. Prosody in speech to infants: Direct and indirect acoustic cues to syntactic structure [A]. In J. L. Morgan & K. Demuth (Eds.), *Signal to Syntax: Bootstrapping from Speech to Grammar in Early Acquisition* [C]. Hillsdale, NJ: Lawrence Erlbaum Associates Inc.

Forster, K. I. 1976. Accessing the mental lexicon [A]. In R. Wales & E. Walker (Eds.), *New Approaches to Language Mechanism*[C] (pp.257-287). Amsterdam: North-Holland.

Forster, K. I. 1979. Levels of processing and the structure of the language processor [A]. In W. E. Cooper & E. C. T. Walker (Eds.), *Sentence Processing* [C] (pp.27-85) . Hillsdale, NJ: Erlbaum.

Forster, K. I. 1981. Priming and the effects of sentence and lexical contexts on naming time: Evidence for autonomous lexical processing[J]. *Quarterly Journal of Experimental Psychology*, 33A: 465-495.

Forster, K. I. & Davis, C. 1991. The density constraint on form-priming in the naming task: Interference effects from a masked prime [J]. *Journal of Memory and Language*, 30(1) : 1-25.

Foster, P. 2001. Rules & routines: A consideration of their role in the task-based language production of native and non-native speakers [A]. In M. Bygate, P. Skehan & M. Swain (Eds.), *Researching Pedagogic Tasks: Second Language Learning, Teaching and Testing* [C] (pp.75-94). New York: Longman.

Frenck-Mestre, C. & Prince, P. 1997. Second language autonomy [J]. *Journal of Memory and*

Languag, 37(4) : 481-501.

Fromkin, V. A. 1971. The non-anomalous of anomalous utterances [J]. *Language*, 47: 27-52.

Garrod, S. 2006. Psycholinguistic Research Methods[A]. In K. Brown (Ed.), *Encyclopedia of Language and Linguistics* (Volume 10) [C] (pp.251-257) . London: Elsevier Ltd.

Gibbs, R. W. & Nayak, N. P. 1989. Psycholinguistic studies on the syntactic behavior of idioms[J]. *Cognitive Psychology*, 21: 100-138.

Gibbs, R. W., Nayak, N. P. & Bolton, J. L., et al. 1989. Speakers' assumptions about the lexical flexibility of idioms [J]. *Memory and Cognition*, 17: 58-68.

Gibbs, R. W., Nayak, N. P. & Cutting, C. 1989. How to kick the bucket and not decompose: Analyzability and idiom processing [J]. *Journal of Memory and Language*, 28(5) : 576-593.

Gimson, A. C. 1989. *An Introduction to the Pronunciation of English* (4th edition) [M]. London: Edward Arnold.

Goldberg, A. E. 2006. *Constructions at Work: The Nature of Generalization in Language* [M]. Oxford: Oxford University Press.

Golestani, N. 2016. Neuroimaging of phonetic perception in bilinguals [J]. *Bilingualism: Language and Cognition*, 19(4): 674-682.

Gollan, T. H., Forster, K. I. & Frost, R. 1997. Translation priming with different scripts: Masked priming with cognates and noncognates in Hebrew English bilinguals [J]. *Journal of Experimental Psychology: Learning, Memory, and Cognition*, 23(5): 1122-1139.

Gottardo, A., Chiappe, P. & Yan, B., et al. 2006. Relations between first and second language phonological processing skills and reading in Chinese-English speakers living in English speaking contexts [J]. *Educational Psychology*, 26(3) : 367-393.

Granger, S. 1998. Prefabricated patterns in advanced EFL writing: Collocations and formulae [A]. In A. P. Cowie (Ed.), *Phraseology: Theory, Analysis and Applications* [C] (pp.145-160). Oxford: Oxford University Press.

Grant, L. & Bauer, L. 2004. Criteria for re-defining idioms: Are we barking up the wrong tree? [J]. *Applied Linguistics*, 25(1): 38-61.

Green, D. W. 1986. Control, activation and resource [J]. *Brain and Language*, 27: 210-223.

Green, D. W. 1998. Mental control of the bilingual lexico-semantic system [J]. *Bilingualism: Language and Cognition*, 1: 67-81.

Gries, S. 2008. Phraseology and linguistic theory: A brief survey[A]. In S. Granger & F. Meunier (Eds.), *Phraseology: An Interdisciplinary Perspective*[C] (pp.3-25). Amsterdam and Philadelphia: John Benjamins Publishing Company.

Guan, B. & Zheng, S. 2005. A corpus-based contrastive study of recurrent word combinations in English essays of Chinese college students and native speakers[J]. *CELEA Journal*, 32(1) : 37-48.

Hakuta, K. 1974. Prefabricated patterns and the emergence of structure in second language acquisition [J]. *Language Learning*, 24(2): 289-297.

Harris, R. J. 1992. *Cognitive Processing in Bilinguals* [M]. Amsterdam: Elsevier Science Publishers.

Hartshorne, J. K., O'Donnell, T. J. & Sudo, Y. 2016. Psych verbs, the linking problem, and the acquisition of language [J]. *Cognition*, 157(12) : 268-288.

Hartshorne, J. K., O'Donnell, T. J. & Sudo, Y., et al. 2010. Psych verbs, the linking problem, and the acquisition of language [P]. Presented at the 32nd Annual Meeting of the Cognitive Science Society. Portland: Cognitive Science Society.

Hartshorne, J. K., O'Donnell, T. J. & Sudo, Y., et al. 2010. Linking meaning to language: Verbs of psychological state and the linking problem [P]. Paper presented at the 32nd Annual Meeting of the Cognitive Science Society. Portland: Cognitive Science Society.

Hatch, E. 1983. *Psycholinguistics: A second-language Perspective* [M]. Rowley, MA: Newbury House Publishing.

Hickey, T. 1993. Identifying formulas in first language acquisition [J]. *Journal of Child Language*, (1) : 27-41.

Hoa, N. 2016. *The Acquisition of Formulaic Sequences in High-Intermediate ESL Learners* [D]. Philadelphia: University of Pennsylvania.

Howarth, P. 1993. *A Phraseological Approach to Academic Writing. Language, Learning and Success: Studying through English* [M]. London: Macmillan Publishers Limited.

Howarth, P. 1996. *Phraseology in English Academic Writing: Some Implications for Language Learning and Dictionary Making* (Lexicographica Series Maior 75) [M]. Max Niemeyer, Tubingen.

Howarth, P. 1998. Phraseology and second language proficiency [J]. *Applied Linguistics*, 19, 24-44.

Huber, D. E. & O'Reilly, R. C. 2003. Persistence and accommodation in short-term priming and other perceptual paradigms: Temporal segregation through synaptic depression [J]. *Cognitive Science*, 27(3) : 403-430.

Huffs, A. & Harriongton, M. 1995. Parsing effects in second language sentence processing: Subject and object asymmetries in wh-extraction[J]. *Studies in Second Language Acquisition*(4) : 483-516.

Hummel, K. M. 2014. *Introducing Second Language Acquisition: Perspectives and Practices* [M]. Chichester: Wiley-Blackwell.

Hunston, S. 2011. *Corpus Approaches to Evaluation: Phraseology and Evaluative Language* [M]. New York: Routledge.

Irujo, S. 1986. A piece of cake: Learning and teaching idioms [J]. *ELT Journal*, 40(3) : 236-242.

Jackson, N. E., Chen, H. & Goldsberry, L., et al. 1999. Effects of variations in orthographic information on Asian and American readers' English text reading [J]. *Reading and Writing: An Interdisciplinary Journal*, 11(4) : 345-379.

Jarema, G. & Libben, G. 2008. *The Mental Lexicon: Core Perspectives* [M]. Oxford: Emerald Group Publishing Ltd.

Jarvis, S. 2009. Lexical transfer [A]. In A. Pavlenko (Ed.), *The Bilingual Mental Lexicon*[C] (pp.361-364) . Toronto: Multilingual Matters.

Jegerski, J. & VanPatten, B. (Eds.) . 2014. *Research Methods in Second Language Psycholinguistics* [M]. New York: Routledge.

Jespersen, O. 1924. Living grammar[A]. In D. D. Bornstein (Ed.) , *Readings in the Theory of Grammar*[C] (pp.82-93) . Cambridge, MA: Winthrop Publishers.

Jiang, N. 2012. *Conducting Reaction Time Research in Second Language Studies* [M]. New York: Routledge.

Jiang, N. & Nekrasova, T. M. 2007. The processing of formulaic sequences by second language speakers [J]. *The Modern Language Journal*, 91(3) : 433-445.

Kartushina, N., Frauenfelder, U. H. & Golestani, N. 2016. How and when does the second language influence the production of native speech sounds: A literature review [J]. *Language Learning*, 66(2) : 155-186.

Kemler Nelson, D., Hirsh-Pasek, K. & Jusczyk, P., et al. 1989. "How the prosodic cues in motherese might assist language learning" [M]. *Journal of Child Language*, (1) : 55-68.

Ketko, H. A. 2000. Comparative Study in the Use of Multi-word Chunks between English Native Speakers and Japanese Learners of English[D]. Birmingham: Aston University.

Klein, D., Milner, B., Zatorre, R. J., et al. 1995. The neural substrates underlying word generation—a bilingual functional-imaging study [J]. *Proceedings of the National Academy of Sciences of the United States of America*, 92(7) : 2899-2903.

Kolers, P. A. 1963. Interlingual word associations [J]. *Journal of Verbal Learning and Verbal Behavior*, 2: 291-300.

Kormos, J. 2006. *Speech Production and Second Language Acquisition* [M]. Mahwah: Lawrence Erlbaum Associates.

Krashen, S. & Scarcella, R. 1978. On routines and patterns in language acquisition and performance [J]. *Language Learning*, 28(2) : 283-300.

Kroll, J. F. & De Groot, A. M. B. 1997. Lexical and Conceptual Memory in the Bilingual Mapping Form to Meaning in two Languages [A]. In M. De Groot & J. Kroll (Eds.) , *Tutorials in Bilingualism*[C] (pp.169-199) . Hillsdale, NJ: Lawrence Erlbaum.

Kroll, J. F. & De Groot, A. M. B. 2005. *Handbook of Bilingualism: Psycholinguistic Approaches* [M]. 北京：外语教学与研究出版社.

Kroll, J. F. & Dijkstra, T. 2002. The bilingual lexicon [A]. In R. Kaplan (Ed.) , *The Oxford Handbook of Applied Linguistics*[C]. Oxford: Oxford University Press.

Kroll, J. F. & Stewart, E. 1994. Category interference in translation and picture naming: Evidence for asymmetric connections between bilingual memory representations [J]. *Journal of Memory and Language*, 33: 149-174.

La Heij, W., Hooglander, A. & Kerling, R., et al. 1996. Nonverbal context effects in forward and backward word translation: Evidence for concept mediation [J]. *Journal of Memory and Language*, 35: 648-665.

Laufer, B. & Hulstijn, J. 2001. Incidental vocabulary acquisition in a second language: The construct of task-induced involvement [J]. *Applied Linguistics*, 22(1) : 1-26.

Leeser, M. J. 2014. On Psycholinguistic Methods [A]. In J. Jegerski & B. VanPatten(Eds.), *Research Methods in Second Language Psycholinguistics*[C] (pp.231-252). New York: Routledge.

Lengyel, Z. & Navracsics, J. 2007. *Second Language Lexical Processes: Applied linguistic and Psycholinguistic Perspectives*[M]. Toronto: Multilingual Matters.

Lerner, I., Armstrong, B. C. & Frost, R. 2014. What can we learn from learning models about sensitivity to letter-order in visual word recognition? [J]. *Journal of Memory and Language*, 77(1) : 40-58.

Levelt, W. J. M. 1989. *Speaking: From Intention to Articulation*[M]. 北京：外语教学与研究出版社.

Levelt, W. J. M. 1993. The architecture of normal spoken language use[A]. In G. Blanken, J. Dittmann, H. Grimm, J. C. Marshall, and C.-W. Wallesch (Eds.), *Linguistic Disorders and Pathologies: An International Handbook*[C]. Berlin: Walter de Gruyter.

Levelt, W. J. M. 1999. Language production: A blueprint of the speaker [A]. In C. Brown & P. Hagoort (Eds.), *Neurocognition of Language* [C] (pp.83-122). Oxford: Oxford University Press.

Levin, B. 1993. *English Verb Classes and Alternations* [M]. Chicago: University of Chicago Press.

Lewis, M. 1993. *The Lexical Approach: The State of ELT and a Way Forward* [M]. Hove, UK: Language Teaching Publications.

Lewis, M. 1997. Pedagogical implications of the lexical approach [A]. In J. Coady & T. Huckin (Eds.), *Second Language Vocabulary Acquisition* [C] (pp.255-270). Cambridge: Cambridge University Press.

Lieven, E. V. M. & Tomasello, M. 2008. Children's first language acquisition from a usage-based perspective [A]. In P. Robinson & N. C. Ellis (Eds.), *Handbook of Cognitive Linguistics and*

Second Language Acquisition [C] (pp.168-196). London: Routledge.

Lin, P. M. S. 2010. The Prosody of Formulaic Language [D]. Nattingham: University of Nottingham.

Lin, P. M. S. 2013. The prosody of formulaic expression in the IBM/Lancaster Spoken English Corpus [J]. *International Journal of Corpus Linguistics*, 18(4) : 561-588.

Lin, P. M. S. & Adolphs, S. 2009. Sound evidence: Phraseological units in spoken corpora [A]. In A. Barfield & H. Gyllstad (Eds.), *Collocating in Another Language: Multiple Interpretations* [C]. Basingstoke: Palgrave Macmillan.

Lin, Y. C. & Lin, P. Y. 2016. Mouse tracking traces the "Cambridge University" effects in monolingual and bilingual minds [J]. *ActaPsychologica*, 167(1): 52-62.

Lyons, J. 1968. *Introduction to Theoretical Linguistics* [M]. Cambridge: Cambridge University Press.

Mampe, B., Friederici, A. & Christophe, A., et al. 2009. Newborn's cry melody is shaped by their native language [J]. *Current Biology*, 23: 1-4.

Marian, V. 2009. Audio-visual Integration During Bilingual Language Processing [A]. In A. Pavlenko (Ed.), *The Bilingual Mental Lexicon*[C](pp.52-78). Tronto: Multilingual Matters.

Marslen-Wilson, W. 1978. Sequential decision processes during spoken word-recognition. Paper presented at the Psychonomic Society meeting, San Antonio, Texas.

Marslen-Wilson, W. 1984. Function and process in spoken word recognition [A]. In H. Bouma & D. Bouwhuis (Eds.), *Attention and Performance. Volume X: Control of Language Processes*[C] (pp.125-150). Hillsdale, NJ: Eribaum.

Marslen-Wilson, W. 1987. Functional parallelism in spoken word recognition [J]. *Cognition*, 25: 71-102.

Marslen-Wilson, W. 1990. Activation, competition and frequency in lexical access [A]. In G. T. M. Altmann (Ed.), *Cognitive Models of Speech Processing*[C] (pp.148-172). Cambridge, MA: MIT Press.

Martin, C. D., Dering, B. & Thomas, E. M., et al. 2009. Brain potentials reveal semantic priming in both the active and the non-attended language of early bilinguals [J]. *NeuroImage*, 47(1) : 326-333.

Martinez, R. & Schmitt, N. 2012. A phrasal expressions list [J]. *Applied Linguistics*, 33(3) : 299-320.

Mayall, K. & Humphreys, G. W. 1996. Case mixing and the task-sensitive disruption of lexical processing [J]. *Journal of Experimental Psychology: Learning, Memory, and Cognition*, 22(2) : 278-294.

Mcbride-Chang, C. & Kail, R. V. 2002. Cross-cultural similarities in the predictors of reading acquisition [J]. *Child Development*, 73(5) : 1392-1407.

McClelland, J. L. & Rumelhart, D. E. 1981. An interactive activation model of context effects in letter perception: Part 1. An account of Basic Findings[J]. *Psychological Review*, 88: 375-407.

McDonough, K. 2011. *Using Priming Methods in Second Language Research* [M](第二语言研究中的启动研究方法) . Beijing: Foreign Language Teaching and Research Press.

McDonough, K. & Trofimovich, P. 2009. *Using Priming Methods in Second Language Research*. New York: Routledge.

McNamara, J. 2005. Bilingual Lexical Organization[J]. *Elements*, 1(1) : 70-80.

Millar, N. 2011. The processing of malformed formulaic language[J]. *Applied Linguistics*, 32(2) : 129-148.

Miller, G. A. 1956. The magical number seven, plus or minus two: Some limits on our capacity for processing information [J]. *Psychological Review*, 63(2) : 81-97.

Mitchell, R., Myles, F. & Marsden, E. 2013. *Second Language Learning Theories* (3rd edition) [M]. New York: Routledge.

Moon, R. 1997. Vocabulary connections: Multi-word items in English [A]. In N. Schmitt & M. McCarthy (Eds.), *Vocabulary: Description, Acquisition and Pedagogy* [C] (pp.40-63). Cambridge: Cambridge University Press.

Moreno, E. M., Federmeier, K. D. & Kutas, M. 2002. Switching languages, switching <i> palabras </i> (words): An electrophysiological study of code switching [J]. *Brain and Language*, 80(2): 188-207.

Mortem, J. 1961. Reading, context and the perception of words [D]. Reading: University of Reading.

Morton, J. 1964. The effects of context on the visual duration threshold for words [J]. *British Journal of Psychology,* 55: 165-180.

Morton, J. 1969. Interaction of Information in Word Recognition [J]. *Psycholinguistic Review*, 76: 165-178.

Myles, F., Hooper, J. & Mitchell, R. 1998. Rote or rule? Exploring the role of formulaic language in classroom foreign language learning[J]. *Language Learning*, 48(3) : 323-363.

Myles, F., Mitchell, R. & Hooper, J. 1999. Interrogative chunks in French L2 [J]. *Studies in Second Language Acquisition*, 21(1): 49-80.

Nation, I. S. P. 2001. *Learning Vocabulary in Another Language* [M]. Cambridge: Cambridge University Press.

Nattinger, J. R. & DeCarrico, J. S. 1992. *Lexical Phrases and Language Teaching* [M]. Oxford: Oxford University Press.

Navracsics, J. 2007. Word Classes and the Bilingual Mental Lexicon [A]. In Z. Lengyel and J. Navracsics (Eds.), *Second Language Lexical Processes*[C]. Toronto: Multilingual Matters Ltd.

Nekrasova, T. M. 2009. English L1 and L2 speakers' knowledge of lexical bundles [J]. *Language Learning*, 59(3): 647-686.

Nesselhauf, N. 2003. The use of collocations by advanced learners of English and some implications for teaching[J]. *Applied Linguistics*, 24(2): 223-242.

Nguyen-hoan, M. & Taft, M. 2010. The impact of a subordinate L1 on L2 auditory processing in adult bilinguals [J]. *Bilingualism: Language and Cognition*, 13(2): 217-230.

Ota, M., Hartsuiker, R. J. & Haywood, S. L. 2009. The KEY to the ROCK: Near-homophony in nonnative visual word recognition [J]. *Cognition*, 111(2) : 263-269.

Ota, M., Hartsuiker, R. J. & Haywood, S. L. 2010. Is a FAN always FUN? Phonological and orthographic effects in bilingual visual word recognition [J]. *Language and Speech*, 53(3): 383-403.

Paivio, A. 1991. Mental representations in bilinguals [A]. In A. G. Reynolds (Ed.), *Bilingualism, Multiculturalism and Second Language Learning*[C] (pp.113-126). Hillsdale, NJ: Lawrence Erlbaum.

Palmer, G. R. 1965. *The English Verb* [M]. London: Longmans.

Palmer, H. E. 1925/1999. Conversation [A]. In R. C. Smith (Ed.) , *The Writings of Harold E. Palmer* [C] (pp.185-191).Tokyo: Hon-no-Tomosha.

Papafragou, A., Cassidy, K. & Gleitman, L. 2007. When we think about thinking: The acquisition of belief verbs [J]. *Cognition*, 105(1) : 125-165.

Pavlenko, A. 2009. Conceptual representation in the bilingual lexicon and second language vocabulary learning [A]. In A. Pavlenko (Ed.), *The Bilingual Mental Lexicon: Interdisciplinary Approaches*[C] (pp.125-160). Clevedon, UK: Multilingual Matters.

Pawley, A. & Syder, F. H. 1983. Two puzzles for linguistic theory: Nativelike selection and nativelike fluency [A]. In J. C. Richards & R. W. Schmidt (Eds.), *Language and Communication* [C] (pp.191-226). New York: Longman.

Penny, L. 2003. "Feelings of the mind" in talk about thinking in English [J]. *Cognitive Linguistics*, 14 : 221-249.

Perea, M. & Carreiras, M. 2006. Do transposed-letter effects occur across lexeme boundaries? [J]. *Psychonomic Bulletin & Review*, 13(3) : 418-422.

Perea, M. & Lupker, S. J. 2003. Does jugde active COURT? Transposed-letter confusability effects in masked associative priming [J]. *Memory & Cognition*, 31(6) : 829-841.

Perea, M., Palti, D. & Gomez, P. 2012. Associative priming effects with visible, transposed-letter nonwords: JUGDE facilitates COURT [J]. *Attention, Perception, & Psychophysics*, 74(3) : 481-488.

Perea, M. & Rosa, E. 2002. Does "whole-word shape" play a role in visual word recognition? [J]. *Perception & Psychophysics*, 64(5): 785-794.

Perea, M., Rosa, E. & Gómez, C. 2005. The frequency effect for pseudowords in the lexical decision task [J]. *Perception & Psychophysics*, 67(2) : 301-314.

Perfetti, C. A. & Tan, L. H. 1998. The time course of graphic, phonological and semantic activation in Chinese character identification [J]. *Journal of Experimental Psychology: Learning, Memory and Cognition*, 24(1): 101-118.

Pesetsky, D. 1995. *Zero Syntax: Experiencer and Cascades* [M]. Cambridge: Massachusetts.

Peters, A. M. 1977. Language learning strategies: Does the whole equal the sum of the parts? [J] *Language*, (3): 560-573.

Peters, A. M. 1983. *Units of Language Acquisition* [M]. Cambridge: Cambridge University Press.

Pine, J. M. & Lieven, E. V. M. 1993. Reanalyzing rote-learned phrases: Individual differences in the transition to multi-word speech [J]. *Journal of Child Language*, 20: 551-571.

Pinker, S. 1991. Rules of language [J]. *Science*, 253: 530-535.

Plunkett, K. 1990. The segmentation problem in early language acquisition [J].*Center for Research in Language Newsletters*, (1) : 1-17.

Polio, C. 2012. *Topics in Formulaic Language* [M]. Cambridge: Cambridge University Press.

Potter, M. C., So, K.-F. & Von Eckardt, B., et al. 1984. Lexical and conceptual representation in beginning and proficient bilinguals [J]. *Journal of Verbal Learning and Verbal Behavior*, 23: 23-38.

Proverbio, A. M. & Adorni, R. 2008. Orthographic familiarity, phonological legality and number of orthographic neighbours affect the onset of ERP lexical effects [J]. *Behavioral and Brain Functions*, 27(4) : 1-13.

Rafieyan, V. 2018. Knowledge of Formulaic Sequences as a Predictor of Language Proficiency[J]. *International Journal of Applied Linguistics and English Literature*, (2): 64-69.

Rawlinson, G. 1976. *The Significance of Letter Position in Word Recognition* [D]. Nottingham: Nottingham University.

Richards, J. K., Platt, J. & Platt, H. 2000. *Longman Dictionary of Language Teaching and Applied Linguistics*[M]. 北京：外语教学与研究出版社.

Rieth, C. A. & Huber, D. E. 2017. Comparing different kinds of words and word-word relations to test an habituation model of priming [J]. *Cognitive Psychology*, 95(1) : 79-104.

Rosch, E. 1977. Human categorization[A]. In N. Warren (Ed.), *Advances in Cross-cultural Psychology* (Vol. 1) [C] (pp.3-49). London: Academic Press.

Safari, P. & Mehrpour, S. 2015. Iranian children's comprehension and production of Persian actional and psychological passive structures [J]. *Journal of Child Language Acquisition and Development*, (2) : 70-90.

Saussure, F. De. 1916. *Course in General Linguistics* [M]. New York: McGraw-Hill.

Schmitt, N. 1998. Quantifying word association responses: What is native-like? [J]. *System*

26: 389-401.

Schmitt, N., Grandage, S. & Adolphs, S. 2004. Are corpus-derived recurrent clusters psycholinguistically valid? [A]. In N. Schmitt (Ed.), *Formulaic Sequences: Acquisition, Processing and Use* [C] (pp. 127-151). Amsterdam: John Benjamins.

Schmitt, N. & Underwood, G. 2004. Exploring the processing of formulaic sequences through a self-paced reading task [A]. In N. Schmitt (Ed.), *Formulaic Sequences: Acquisition, Processing and Use* [C] (pp.171-189). Amsterdam: John Benjamins.

Schneider, W. & Shiffrin, R. M. 1977. Controlled and automatic human information processing: Detection, search and attention [J]. *Psychological Review*, 84: 1-66.

Schreuder, R. & Weltens, B. 1993. *The Bilingual Lexicon* [M]. Amsterdam and Philadelphia: John Benjamins.

Sebastian-Galles, N., Rodriguez-Fornells, A. & de Diego-Balaguer, R. 2006. First-and second-language phonological representations in the mental lexicon [J]. *Journal of Cognitive Neuroscience*, 18 (8): 1277-1291.

Shu, H., Anderson, R. C. & Wu, N. 2000. Phonetic awareness: Knowledge of orthography-phonology relationships in the character acquisition of Chinese children [J]. *Journal of Educational Psychology*, 92(1) : 56-62.

Sidtis, D. & Sidtis, J. J. 2018. The affective nature of formulaic language: A right-hemisphere sub-cortical process[J]. *Frontiers in Neurology*, (9) : 573.

Simpson-Vlach, R. & Ellis, N. 2010. An academic formulas list: New methods in phraseology research [J]. Applied Linguistics, 31(4) : 487-512.

Singleton, D. 2006. *Exploring the Second Language Mental Lexicon* [M]. 北京：世界图书出版公司.

Siyanova, A. & Schmitt, N. 2008. L2 learner production and processing of collocation: A multi-study perspective [J]. *The Canadian Modern Language Review*, 64(3): 429-458.

Siyanova-Chanturia, A. 2010. *Online Processing of Multi-word Sequences in a First and Second Language: Evidence from Eye-tracking and ERP* [D]. The University of Nottingham.

Siyanova-Chanturia, A., Conklin, K. & Schmitt, N. 2011. Adding more fuel to the fire: An eye-tracking study of idiom processing by native and non-native speakers [J]. *Second*

Language Research, 27(2) : 251-272.

Siyanova-Chanturia, A., Conklin, K. & van Heuven, W. J. B. 2009. *An ERP investigation of the processing of binomial expressions in sentence contexts: Safe and sound vs. sound and safe* [R]. CUNY2009, UC Davies, USA.

Siyanova-Chanturia, A., Conklin, K. & van Heuven, W. J. B. 2011. Seeing a phrase "time and again" matters: The role of phrasal frequency in the processing of multiword sequences [J]. Journal of Experimental Psychology: Learning, Memory, and Cognition, 37(3) : 776-784.

Slabakova, R., Kempchinsky, P. & Rothman, J. 2012. Clitic-doubled left dislocation and focus fronting in L2 Spanish: A case of successful acquisition at the syntax-discourse interface [J]. *Second Language Research*, 28(3): 319-343.

Smith, E. E, Shoben, E. J. & Rips, L. J. 1974. Structure and process in semantic memory: A featural model for semantic decisions[J]. *Psychological Review*, (1) : 214-241.

Soderstrom, M., Seidl, A., & Kemler-Nelson, D. 2003. The prosodic bootstrapping of phrases: Evidence from prelinguistic infants [J]. *Journal of Memory and Language*, (2) : 249-267.

Solso, R. L., Maclin, M. K. & Maclin, O. H. 2008. *Cognitive Psychology* (7th edition) [M]. 邵志芳等译. 北京：上海人民出版社.

Solso, R. L., Maclin, O. H. & Maclin, M. K. 2010. *Cognitive Psychology* (8th edition) [M]. 北京：机械工业出版社.

Sosa, A. V. & MacFarlane, J. 2002. Evidence for frequency-based constituents in the mental lexicon: Collocations involving the word *of* [J]. *Brain and Language*, 83(2) : 227-236.

Spanoudis, G. C. & Natsopoulos, D. 2011. Memory functioning and mental verbs acquisition in children with specific language impairment [J]. *Research in Developmental Disabilities*, (5) : 1-11.

Stroop, J. R. 1935. Studies of Interference in Serial Verbal Reactions[J]. *Journal of Experimental Psychology*, 18: 643-662. http://psychclassics.yorku.ca/Stroop/.

Swinney, D. & Cutler, A. 1979. The access and processing of idiomatic expressions [J]. *Journal of Verbal Learning and Verbal Behaviour*, 18(5) : 523-534.

Tabossi, P., Fanari, R. & Wolf, K. 2009. Why are idioms recognized fast? [J]. *Memory and Cognition*, 37(4) : 529-540.

Taguchi, N. 2007. Chunk learning and the development of spoken discourse in a Japanese as a foreign language classroom [J]. *Language Teaching Research*, 11(4) : 433-457.

Taylor, J. R. 2002. *Cognitive Grammar* [M]. Oxford: Oxford University Press.

Tipper, S. P. & Cranston, M. 1985. Selective attention and priming: Inhibitory and facilitatory effects of ignored primes [J]. *Quarterly Journal of Experimental Psychology: Human, Experimental Psychology*, 37 (A) : 581-611.

Tode, T. 2003. From unanalyzed chunks to rules: The learning of the English copula be by beginning Japanese learners of English [J]. *International Review of Applied Linguistics*, 41: 23-53.

Tomasello, M. 2003. *Constructing a Language: A Usage-based Theory of Language Acquisition* [M]. Cambridge, MA: Harvard University Press.

Tomasello, M. & Brooks, P. J. 1999. Early syntactic development: A construction grammar approach [A]. In M. Barret (Ed.), *The Development of Language* [C] (pp.161-190) . Cambridge: Cambridge University Press.

Tomasino, B., Fabbro, F. & Brambilla, P. 2014. How do conceptual representations interact with processing demands: An fMRI study on action- and abstract-related words [J]. *Brain Research*, 1591(3) : 38-52.

Treisman, A. M. 1964. Selective attention in man [J]. *British Medical Bulletin* 22: 12-16.

Tremblay, A. 2009. Processing Advantages of Lexical Bundles: Evidence from Self-paced Reading, Word and Sentence Recall, and Free Recall with Event-related Brain Potential Recordings[D]. Edmonton: University of Alberta.

Tremblay, A. & Baayen, H. 2010. Holistic processing of regular four-word sequences: A behavioural and ERP study of the effects of structure, frequency and probability on immediate free recall [A]. In D. Wood(Ed.), *Perspectives on Formulaic Language: Acquisition and Communication* [C] (pp.151-173). London & New York: Continuum.

Tremblay, A., Derwing, B. & Libben, G., et al. 2011. Processing advantages of lexical bundles: Evidence from self-paced reading and sentence recall tasks [J]. *Language Learning*, 61(2) :

569-613.

Tunmer, W. E. 1984. The role of language-related factors in reading disability [A]. In D. Shankweiler & I. Liberman (Eds.), *Phonology and Reading Disability: Solving the Reading Puzzle* [C] (pp.91-131). Ann Arbor: University of Michigan Press.

Tunmer, W. E. & Herriman, M. L. 1984. The development of metalinguistic awareness: A conceptual overview [A]. In W. E. Tunmer, C. Pratt & M. L. Herriman (Eds.), *Metalinguistic Awareness in Children: Theory, Research and Implications* [C] (pp.12-35). New York: Springer-Verlag.

Turvey, M. T. & Moreno, M. A. 2006. Physical metaphors for the mental lexicon [J]. *The Mental Lexicon,* (1) : 7-33.

Underwood, G., Schmitt, N. & Galpin, A. 2004. The eyes have it: An eye-movement study into the processing of formulaic sequences [A]. In N. Schmitt(Ed.), *Formulaic Sequences: Acquisition, Processing and Use* [C] (pp.153-172). Amsterdam: John Benjamins.

Valsecchi, M., Künstler, V. & White, B., et al. 2013. Advantage in reading lexical bundles is reduced in non-native speakers [J]. *Journal of Eye Movement Research,* 6(5) : 1-16.

van Hell, J. G. & Dijkstra, T. 2002. Foreign language knowledge can influence native language performance in exclusively native contexts[J]. *Psychonomic Bulletin and Review,* (9): 780-789.

Van Lancker, D., Canter, G. &Terbeek, D. 1981. Disambiguation of ditropic sentences [J]. *Journal of Speech and Hearing Research,* 24: 330-335.

VanPatten, B. 1996. *Input Processing and Grammar Instruction: Theory and research* [M]. Norwood, NJ: Ablex.

VanPatten, B. 2004. Input processing in SLA [A]. In B. VanPatten (Ed.), *Processing Instruction: Theory, research and commentary*[C] (pp.5-31). Mahwah, NJ: Erlbaum.

VanPatten, B. 2007. Input processing in adult second language acquisition [A]. In B.VanPatten & J. Williams (Eds.), *Theories in Second Language Acquisition*[C] (pp.115-136) . New York: Routledge.

Vitevitch, M. S. & Luce, P. A. 2016. Phonological neighborhood effects in spoken word perception and production [J]. *Annual Review of Linguistics*, 2(1) : 75-94.

Vogel-Sosa, A. 2000. Phonological reduction in frequency-based constituents: The alternation of English *of* [R]. Paper presented at the Third Annual High Desert Linguistics Society Conference. Albuquerque, New Mexico (April) .

Volta, R. D., Fabbri-Destro, M. & Gentilucci, M., et al. 2014. Spatiotemporal dynamics during processing of abstract and concrete verbs: An ERP study [J]. *Neuropsychologia*, 61(1) : 163-174.

Vygotsky, L. S. 1962. *Thought and Language* [M]. Cambridge, MA: MIT Press.

Wedell, M. & Liu, R. Q. 1996. *Language Teaching and Learning: From Theory to Practice* [M]. 北京：外语教学与研究出版社.

Weimer, A. A., Parault Dowds, S. J. & Fabricius, W. V. 2017. Development of constructivist theory of mind from middle childhood to early adulthood and its relation to social cognition and behavior [J]. *Journal of Experimental Child Psychology*, 154(1) : 28-45.

Weinreich, U. 1953. *Language in Contact* [M]. New York: Linguistic Circle of New York.

Whitaker, H. A. 2006. Words in the mind, words in the brain: Preface to inaugural issue of *The Mental Lexicon*[J]. *The Mental Lexicon,* 1(1): 3-5.

Wilkins, D. A. 1976. *Notional Syllabuses: A Taxonomy and Its Relevance to Foreign Language Curriculum Development* [M]. London: Oxford University Press.

Willis, D. 1990. *The Lexical Syllabus* [M]. London: Harper Collins.

Wittrock, M. C. 2010. Learning as a generative process [J]. *Educational Psychologist*, 45(1): 40-45.

Wong-Fillmore, L. 1976. *The Second Time Around: Cognitive and Social Strategies in Second Language Acquisition* [D]. Stanford: Stanford Stanford Stanford University.

Wray, A. 2000. Formulaic sequences in second language teaching: Principle and practice [J]. *Applied Linguistics*, 21(4): 463-489.

Wray, A. 2002. *Formulaic Language and the Lexicon* [M]. Cambridge: Cambridge University Press.

Wray, A. 2004. Here's one I prepared earlier: Formulaic language learning on television [A]. In N. Schmitt (Ed.), *The Acquisition, Processing and Use of Formulaic Sequences* [C] (pp.249-268). Amsterdam: John Benjamins.

Wray, A. 2008. *Formulaic Language: Pushing the Boundaries*[M]. Oxford: Oxford University press.

Wray, A. 2013. *Formulaic Language: Pushing the Boundaries* [M]. 上海：上海外语教育出版社.

Wray, A. & Grace, G. W. 2007. The consequences of talking to strangers: Evolutionary corollaries of socio-cultural influences on linguistic form [J]. *Lingua*, 117: 543-578.

Wray, A. & Perkins, M. R. 2000. The functions of formulaic language: An integrated model [J]. *Language and Communication*, 20: 1-28.

Zargar, E. S. & Witzel, N. 2016. Transposed-letter priming across inflectional morpheme boundaries [J]. *Journal of Psycholinguistic Research*, 46(1): 125-140.

Ziegler, J. C., Petrova, A. & Ferrand, L. 2008. Feedback consistency effects in visual and auditory word recognition: Where do we stand after more than a decade? [J]. *Journal of Experimental Psychology*, 34(3): 643-661.

附　　录

附录 1　第 7 章实验材料

实验（一）　英语心理动词二项式程式语语法判断作业实验材料

序号	语法二项式程式语（EGP）	非语法二项式程式语（ENGP）	不符合语法词串（ENGTS）
1	feel anxious	feel shout	ball kick
2	be thankful	be speak	cat build
3	be grateful	be foot	means fish
4	be afraid	be hire	deepen whole
5	think over	short over	house carry
6	hope for	ugly for	trade look
7	love ardently	long ardently	daytime burn
8	get angry	red angry	blue run
9	lose hope	fast hope	laugh kill
10	think deeply	white deeply	him bury
11	take care	dark care	from bring
12	be willing	be school	tie will
13	approve of	pencil of	road burst
14	hold out	clock out	die banana

实验（二）　汉语心理动词二项式程式语语法判断作业实验材料

序号	语法二项式程式语（CGP）	非语法二项式程式语（CNGP）	不符合语法词串（CNGTS）
1	担心	担贵	忧波
2	感激	感腰	游思
3	感谢	感蓝	油驴
4	害怕	害叶	基未
5	考虑	考矮	抢综
6	盼望	盼脸	企趴

续表

序号	语法二项式程式语（CGP）	非语法二项式程式语（CNGP）	不符合语法词串（CNGTS）
7	热爱	热燕	艾侦
8	生气	生漂	弃坦
9	失望	失晃	旺泣
10	思考	思车	念司
11	小心	小之	碎辛
12	愿意	愿荒	院蛀
13	赞成	赞幸	扬暂
14	支持	支实	迟瀑

附录2　第9章实验材料

实验（一）材料

序号	启动刺激	目标刺激	序号	启动刺激	目标刺激
1	心担	担心	18	增长	害怕
2	提出	担心	19	嗨帕	顾光
3	拿走	担心	20	怕害	工罢
4	丹辛	柴砍	21	虑考	考虑
5	心担	活复	22	游泳	考虑
6	激感	感激	23	填充	考虑
7	导致	感激	24	拷率	笔执
8	倾听	感激	25	虑考	红描
9	敢集	喉锁	26	望盼	盼望
10	激感	风伤	27	倾倒	盼望
11	谢感	感谢	28	破裂	盼望
12	羞愧	感谢	29	判忘	疑答
13	出发	感谢	30	望盼	山爬
14	敢屑	头挠	31	爱热	热爱
15	谢感	备俱	32	分离	热爱
16	怕害	害怕	33	移动	热爱
17	同意	害怕	34	惹艾	造酿

续表

序号	启动刺激	目标刺激	序号	启动刺激	目标刺激
35	爱热	饭吃	53	召唤	小心
36	气生	生气	54	晓辛	冰滑
37	照料	生气	55	心小	远跳
38	狩猎	生气	56	意愿	愿意
39	申泣	价砍	57	摔倒	愿意
40	气生	笔握	58	吃惊	愿意
41	望失	失望	59	院译	描扫
42	购物	失望	60	意愿	醒提
43	分享	失望	61	成赞	赞成
44	石旺	看观	62	扑灭	赞成
45	望失	风漏	63	审查	赞成
46	考思	思考	64	暂程	荐推
47	生病	思考	65	成赞	扬发
48	切断	思考	66	持支	支持
49	丝烤	斗打	67	回看	支持
50	考思	跤摔	68	算出	支持
51	心小	小心	69	只耻	烫炙
52	拍照	小心	70	持支	围解

实验（二）材料

序号	启动刺激	目标刺激	序号	启动刺激	目标刺激
1	anxious feel	feel anxious	12	be ashamed	be grateful
2	bring up	feel anxious	13	set off	be grateful
3	take away	feel anxious	14	bigreetful	satledoun
4	fealanxieus	over spreade	15	grateful be	down bow
5	anxious feel	kuarrel with	16	afraid be	be afraid
6	thankful be	be thankful	17	agree with	be afraid
7	lead to	be thankful	18	grow up	be afraid
8	listen to	be thankful	19	biafreid	kuarrel with
9	bithenkful	gevefrith	20	afraid be	for prepare
10	thankful be	away take	21	over think	think over
11	grateful be	be grateful	22	go swimming	think over

续表

序号	启动刺激	目标刺激	序号	启动刺激	目标刺激
23	fill in	think over	47	feel ill	think deeply
24	thenkovar	breng to	48	cut off	think deeply
25	over think	for send	49	thenkdeaply	fore down
26	for hope	hope for	50	deeply think	burst lafgh
27	pour down	hope for	51	care take	take care
28	break up	hope for	52	take photo	take care
29	houp four	brengtugether	53	call for	take care
30	for hope	from remove	54	teikceir	inkrease by
31	ardently love	love ardently	55	care take	out wipe
32	separate from	love ardently	56	willing be	be willing
33	move along	love ardently	57	fall down	be willing
34	lave ardantly	rool over	58	be surprised	be willing
35	ardently love	into break	59	biwilleng	torkabaut
36	angry get	get angry	60	willing be	from die
37	look after	get angry	61	of approve	approve of
38	hunt for	get angry	62	put out	approve of
39	het angry	speek to	63	check up	approve of
40	angry get	back talk	64	appruveef	raizupp
41	hope lose	lose hope	65	of approve	around shouw
42	go shopping	lose hope	66	out hold	hold out
43	share with	lose hope	67	look back	hold out
44	lusehoup	pootlotk	68	figure out	hold out
45	hope lose	up lift	69	houdaut	karm into
46	deeply think	think deeply	70	out hold	for luwk